Marie-Theres Beeler/Lisianne Enderli
Bilder-Sturm

Marie-Theres Beeler/Lisianne Enderli

BILDER-STURM

Dynamische Symbole
in feministischer Sicht
Fotos von Margrit Munter

rex verlag luzern/stuttgart

Die Deutsche Bibliothek – CIP-Einheitsaufnahme

Beeler, Marie-Theres:
Bilder-Sturm: dynamische Symbole in feministischer Sicht/
Marie-Theres Beeler; Lisianne Enderli. Fotos von Margrit
Munter. – Luzern; Stuttgart: rex verlag, 1993
(Theologie konkret; 5)
ISBN 3-7252-0569-8
NE: Enderli, Lisianne:; Munter, Margrit (Ill.); GT

Umschlaggestaltung: Janina Noser
Umschlagbild und Fotos: Margrit Munter
Druck: Ebner Ulm
ISBN 3-7252-0569-8

Für Hanna

Inhalt

Vorwort

Symbole sind gefragt wie noch nie. In einer von Berechenbarkeit geprägten Welt wächst die Sehnsucht nach dem, was aus einer verzweckten Lebensweise ausgeschlossen wird: das Sinnenhafte, das Geheimnis, das Göttliche. Auch innerhalb der Kirchen ist diese Sehnsucht spürbar. In der katholischen Kirche hat das zweite Vatikanische Konzil wohl eine Erneuerung der Liturgie gebracht, im lebendigen Erleben von Symbolen sind wir aber kaum weitergekommen. Die zu äusserlichen Ritualen verkommenen Symbole wurden nicht neu belebt, sondern mit vernunftorientierten Erklärungen ausgestattet, ihres Geheimnischarakters und damit ihrer Eigenschaft als Symbole beraubt. Unser eigenes Leiden an der entleerten Symbolik kirchlichen Kultes hat uns motiviert, dieses Buch zu schreiben.
Wir haben entdeckt, dass lebendige, dynamische Symbole mit unserem Frausein zu tun haben und dass ihr Fehlen in den Kirchen kein Zufall ist. Die Abwertung der Frau und die Abwertung des Symbolischen gehen Hand in Hand. Als feministisch orientierte Theologinnen wollen wir dem Sterben der Symbole, insbesondere der zyklischen Symbole, entgegentreten. Wir möchten den Symbolen, den Bildern aus der Tiefe menschlicher Wahrnehmung, ihre Unmittelbarkeit zurückgeben. Wir möchten sie selber sprechen lassen und nicht zerreden. Beim Schreiben haben wir jedoch festgestellt, dass auch wir Kinder unserer Zeit sind und wie schwierig es ist, nicht wieder in ein statisches, logisches Verständnis der Symbole abzugleiten.

Symbole sind nicht in Bildbänden zu betrachten. Sie begegnen uns im Alltag auf Schritt und Tritt. Jeden Tag treffen wir sie an, wenn wir für ihre Gegenwart offen sind. In Margrit Munter ist uns eine Frau, eine Künstlerin, begegnet, die Symbole des Alltags mit grosser Sensibilität wahrnimmt.

Für ihre Fotos zu diesem Buch danken wir ihr ganz herzlich. Ihre Bilder werten wir nicht als Illustrationen zu den Texten. Sie sind Symbole und sprechen ihre eigene Sprache.

Die Entstehungszeit dieses Buches war in einer ganz besonderen Weise durch zyklisches Erleben geprägt. Unsere Arbeit wurde vom Werden und von der Geburt eines Kindes begleitet. Hanna war die ganze Zeit mit uns unterwegs und bei unserer gemeinsamen Suche präsent. Ihr möchten wir dieses Buch widmen.

Liestal/Luzern, den 24. Januar 1993
Marie-Theres Beeler und Lisianne Enderli

I Bilder-Suche
Bilder-Sturm

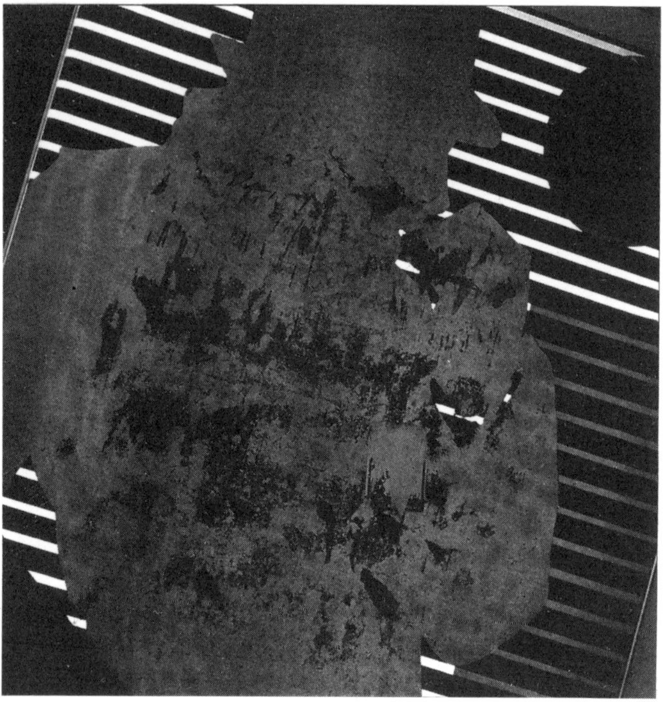

Das Wesentliche ist für die Augen unsichtbar

Wer kennt sie nicht, die Geschichte des kleinen Prinzen. Antoine de Saint-Exupéry erzählt darin von einer denkwürdigen Begegnung mit einem Kind, mitten in der Wüste. Während er sich anschickt, eine Flugzeugpanne zu beheben, wird er von einem kleinen Menschenwesen angesprochen, das buchstäblich von einem anderen Stern gefallen ist. Der kleine Prinz hat viele Planeten besucht, bevor er auf die Erde kam. Und er zeigt sich höchst erstaunt über die Lebensart der erwachsenen Bewohner der verschiedenen Planeten, die er kennengelernt hat. Die erwachsenen Leute sind gewohnt, nur das als wahr und wichtig anzuschauen, was sie mit ihren Augen sehen. Im Fuchs hat er einen Gesprächspartner gefunden, der ihn versteht, und mit dem er über jene Dinge reden kann, die ihm lieb und wichtig sind. Was die beiden neuen Freunde teilen, ist die Erfahrung, dass die Augen nur einen Ausschnitt der Welt erkennen. Das eigentlich wichtige Wahrnehmungsorgan für das Wesentliche ist das Herz. »Die Menschen haben diese Wahrheit vergessen«, erklärt der Fuchs dem kleinen Prinzen.

Das Auge – Wahrnehmungsorgan der Neuzeit

Unser Zeitgeist ist geprägt von einem Weltbild, das sich in erster Linie von der sinnlichen Wahrnehmung leiten lässt. Das Vordergründige, alles, was wir sehen, hören, messen, zählen können, gilt als relevant. Unser Interesse konzentriert sich auf das Nachprüfbare und Berechenbare. Naturwissenschaftliche Erkenntnis gilt als die einzig zuverlässige Wahrheitsquelle. Diese einseitige Weltsicht hat sich seit dem Beginn der Neuzeit angebahnt. »Cogito, ergo sum« – »ich denke, also bin ich«. Der Philosoph René Descartes prägte mit diesem Satz nicht nur ein neues Denken, sondern auch ein neues Menschenbild. Unser Verhältnis zum grösseren Ganzen, dessen Teil wir sind, hat seit der Zeit der Aufklärung eine Wende erfahren. Der Mensch sieht sich als das denkende Subjekt im Mittelpunkt. Zusehends haben wir unser Leben so eingerichtet, als ob es keine gegenseitige Abhängigkeit von Mensch und Kosmos gäbe. Die Menschen verstehen sich als die Aussenstehenden, als BetrachterInnen und BewegerInnen dessen, was sie umgibt. Die Welt ist zum Material geworden, das nach menschlichen Bedürfnissen geformt und verbraucht wird. Wir stehen in der Gefahr zu glauben, als HerrscherInnen über den Kosmos die Welt im Griff zu haben. Alles Erdenkliche erscheint als planbar und machbar. Die Illusion, wir besässen die Welt, zeigt jedoch katastrophale Folgen, deren Höhepunkt wir erst noch entgegengehen. Die Errungenschaften von Wissenschaft und Technik haben unser Leben wohl bequemer, aber keineswegs humaner gemacht. Und es ist bereits fünf nach zwölf, wenn uns heute der drohende ökologische Kollaps daran erinnert, dass wir über diese ganze Zeit wohl Wesentliches nicht gesehen und vielleicht sogar die Fähigkeit zur Sicht des Wesentlichen verloren haben. Dass wir selber ein Teil der Schöpfung sind, eingebunden in ein Geheimnis, das unserer Verfügung entzogen ist, ist im gleichen Mass in Vergessenheit geraten, wie das Vordergründige unser Denken und Handeln dominiert.

Um zum kleinen Prinzen zurückzukommen: Ihm ist die Überzeugung, dass das Sichtbare zugleich das Wesentliche sein soll, unverständlich. Ihn befremdet diese weitverbreitete Mentalität der Erwachsenen. Wenn er sich allerdings auf die Suche begeben würde, könnte er bestimmt noch mehr Wesen wie den Fuchs treffen. Durch die ganzen Jahrhunderte der Neuzeit hat es immer wache Menschen gegeben, die dem Berechenbarkeitsdenken misstrauten: MystikerInnen, PhilosophInnen, Männer und besonders Frauen, die ein Gespür für die Krankheit ihrer Zeit hatten und noch haben. Trotz solcher Menschen sind jedoch unser Zusammenleben, unsere politischen Strukturen, unser Wirtschaften und viele persönliche Lebensbereiche der einzelnen weitgehend von einer Haltung geprägt, die alles erklärbar und machbar haben will und dem Unverfügbaren kaum Platz lässt.

Das Auge im Bauch

Die Hintergründigkeit der Welt zu erkennen und mit ihr in Einklang zu leben, bedarf noch anderer Organe als des Auges. Erkenntnis der Welt ist Wahrnehmung dessen, was hinter Raum und Zeit liegt. Wir können es unterschiedlich benennen: Sinn des Lebens, das Eigentliche, das Geheimnis der Welt, Gott. Maria Kassel nennt die Quelle spiritueller Erkenntnis »das Auge im Bauch«. Sehen mit dem Auge im Bauch ist mehr als Sehen, es ist die Fähigkeit zur Imagination. Sie führt uns zu einer anderen Qualität der Erkenntnis hin als Faktenwissen. Sie eröffnet uns den Zugang zum Wesentlichen, das sich hinter dem Zähl- und Planbaren verbirgt. Dass wir Menschen zur Imagination fähig sind, hat seinen Grund in der Bewusstseinserfahrung. Der Mensch ist vielleicht das einzige Wesen mit einem Selbstbewusstsein. Das Wissen um mich selber manifestiert sich in zwei Grunderfahrungen. Auf der einen Seite nehme ich wahr, dass ich wahrnehmungsfähig und vernunftbegabt bin, ein denkendes Subjekt. Diesen einen Aspekt menschlichen Selbstbewusstseins hat der Philosoph René Descartes als einzigen betont und absolut gesetzt. Unser Selbstbewusstsein äussert sich jedoch noch in einer anderen Grunderfahrung. Als Mensch bin ich auch zur Wahrnehmung dessen fähig, dass ich abhängig und endlich bin, eingebunden in ein Geheimnis, über das ich nicht verfügen kann. Dieser zweite Aspekt des Selbstbewusstseins scheint in Vergessenheit geraten. Allein das innere Auge vermag ihn wahrzunehmen.
Während die Kopfaugen nach draussen sehen und die Welt

als eine Vielzahl von Objekten betrachtet, nimmt das innere Auge die Bilder der Seele wahr. Diese entziehen sich weitgehend der rationalen Bewusstseinslogik. Sie sind unverfügbar, genauso wie das Unbewusste nicht verfügbar ist. Wir können uns auf die inneren Bilder einlassen, mit ihnen in Dialog treten und nach Deutungen suchen. Dabei ist jedoch zu bedenken, dass jedes Bild mehrdeutig und das Wahrgenommene letztlich Geheimnis bleiben wird.

Symbole – Sprache der Religion

Nicht nur die individuellen Bilder der Seele, sondern auch die alle menschlichen Individuen übersteigende, geheimnisvolle Realität des Göttlichen lässt sich nicht mit Worten erfassen. Das Göttliche entzieht sich unserer Anschauung in Raum und Zeit und somit auch einer Sprache, die Dinge objektiv wiedergeben kann. Wenn wir von Gott oder Göttin reden, werden unsere Aussagen immer ergänzungsbedürftig bleiben. Jede Theologie, die sich als Wissenschaft damit auseinandersetzt, wird an die Grenzen des Beschreibbaren kommen. Es wird nie eine Definition geben, die festhalten kann, wie Gott ist.
Um dem Göttlichen gerecht zu werden, sind Symbole unabdingbar. Sie weisen hin auf ein Urbild, das sich dem äusseren Auge entzieht. Wer jedoch Bilder mit dem inneren Auge sehen, Symbole wahrnehmen kann, für den oder die leuchtet etwas vom Urbild auf. Der griechische Philosoph Platon beschreibt in seinem Höhlengleichnis die Situation der Menschen, die in einer von Feuer erleuchteten Höhle gefesselt sind und die Schatten von Dingen sehen, die vor dem Höhleneingang vorübergetragen werden. Das Abbild der Schatten vermittelt ihnen wohl eine Vorstellung, eine Ahnung von den Dingen. Aber die Urbilder selber werden dabei nicht erkannt. Diese Eingeschränktheit der Wahrnehmung müssen wir in Zusammenhang mit dem Göttlichen respektieren. Ver-

wechseln wir das unvollkommene Abbild mit dem Urbild, begeben wir uns in die Gefahr, eine Ideologie aufzubauen. Wir geben vor, etwas zu wissen, was sich unserer Verfügbarkeit entzieht. Religion wird ideologisch, wenn diese Grenze nicht anerkannt wird. Wo Dogmen nicht als bildhafte Zugänge zu einem Geheimnis, sondern als Definitionen des Göttlichen verstanden werden, wird ungerechtfertigterweise von Gott Besitz ergriffen. Das Bild wird zu einer von Menschen verfügten Erklärung. Und Gott verkümmert zum Götzen, zum Machtmittel für den, der das Göttliche definiert.

Gotteserkenntnis und Selbsterkenntnis

Das Auge im Bauch ist kein Fotoapparat. Seine Linse ist nicht ein technisches Instrument, sondern unsere menschliche Seele. Was ich damit wahrnehme, geht vielmehr durch den Filter all dessen, was mein Innerstes schon berührt hat: Erfahrungen von Liebe und Angenommensein, aber auch Ängste, Enttäuschungen und Verletzungen. Was das Auge im Bauch wahrnimmt, ist darum immer verbunden mit den bewussten und unbewussten Anteilen meiner eigenen Persönlichkeit. Auch jedes religiöse Symbol, das ich mit dem Auge im Bauch erkenne, muss mich über den Weg eigener Selbsterkenntnis erreichen. Dieses Sehen ist oft mit Schrekken verbunden. Es zeigt mir meinen eigenen Schatten auf, meine ganz persönliche Unterwelt. Auch von Jesus wird berichtet, dass er diesen Gang in die Unterwelt angetreten hat. Er war ein Mensch, der sich auf die Bilder einliess, die sein inneres Auge erkannte. Die Verzweiflung auf dem Ölberg, kurz vor seinem Tod, macht deutlich, dass auch er sich vor dem Dunklen und Unbekannten fürchtete – und sich dennoch darauf einliess.

Wer die eigenen dunklen Seiten so fürchtet, dass er oder sie diese erst gar nicht wahrnehmen will, wird das Auge im

Bauch ausschalten und sich nurmehr auf die Kopfaugen verlassen. Wer glaubt, mit Kopfaugen zu sehen, was hinter den Dingen steht, täuscht sich selber. Eine Linse erfasst eben nur das Äussere. Und wer dieses Äussere mit dem Inneren verwechselt, macht sich etwas vor.
Ohne die Wahrnehmung mit dem Auge im Bauch kann man dem Göttlichen nur in veräusserlichter Form begegnen. Statt die Seelenreise nach innen anzutreten, werden bildhafte Handlungen nach festgelegten Vorschriften vollzogen. Maria Kassel erwähnt das Beispiel von Helios, dem Bruder der Kassandra. Kassandra ist eine Frau, die mit dem inneren Auge sieht, was um sie herum geschieht. Sie ist die Seherin, die den Untergang Trojas prophezeit. Ihr Bruder Helios vollzieht veräusserlichte Rituale, die von ihm als Priester erwartet werden, aber letztlich keinen inneren Gehalt haben. Unabhängig von persönlicher Suche nach dem Göttlichen wird jedes Ritual zur Pseudoreligion. Gelebter Glaube bedarf lebendiger Symbole, die nicht in einem rituellen Korsett erstarren, sondern immer wieder neu von Menschen mit dem Auge im Bauch erahnt und gesehen werden. Nur so vermögen sie uns einen Zugang zu unserem eigenen Unbewussten und zum Göttlichen zu vermitteln.
Das Auge im Bauch zu gebrauchen und zu entfalten bedarf einer persönlichen Entscheidung und nicht biologischer Voraussetzungen. Die innere Wahrnehmung kann geschult werden. Als Lernprogramm empfiehlt Maria Kassel:
- Die Bilder der Seele sehen zu lernen, indem wir uns von der äusseren Bilderflut abwenden und den Blick nach innen richten.
- Die Sprache der Bilder verstehen zu lernen. Das heisst, sie als Abbilder von etwas Unverfügbarem wahrzunehmen und von rationaler Bewusstseinslogik abzusehen.
- Die Bilder in unsere Wahrnehmung der Wirklichkeit zu integrieren und (veräusserlichte) Ritualisierungen aufzugeben.

Literatur:

Antoine de Saint-Exupéry, Der kleine Prinz, Zürich (Arche) 1992.
Mircea Eliade, Ewige Bilder und Sinnbilder. Über die magisch religiöse Symbolik, Frankfurt (Insel) 1986.
Maria Kassel, Das Auge im Bauch. Erfahrungen mit tiefenpsychischer Spiritualität, Olten (Walter) 1987.
Manfred Lurker, Die Botschaft der Symbole. In Mythen, Kulturen und Religionen, München (Kösel) 1990.
Hans Saner, Der Mensch als symbolfähiges Wesen, in: Gaetano Benedetti/Urs Rauchfleisch (Hg.), Welt der Symbole. Interdisziplinäre Aspekte des Symbolverständnisses, Göttingen (Vandenhoeck und Ruprecht) 1988.

Ein Symbol – was ist das?

Wer ein Buch über einen Begriff schreibt, stellt im Normalfall an den Anfang des Buches eine Definition dieses Begriffes. Doch gerade beim Begriff »Symbol« ist diese Definition besonders schwierig. Eine Definition benennt, umreisst, legt fest, ordnet ein. Das Besondere am Symbol ist aber, dass es das Vordergründige, Festgelegte durchbricht, dass es das Gegenständliche und das Hintergründige, das Benannte und das Unbenennbare miteinander verbindet. Eine festlegende Definition zerstört es gleichzeitig. Deshalb möchten wir anstelle einer Definition versuchen, das Symbol zu umschreiben.
In der Symbolforschung wird unterschieden zwischen Zeichen und Symbolen. Das Zeichen steht für eine bestimmte, unverwechselbare, eindeutige Realität. So bedeutet das Rot einer Verkehrsampel eindeutig »anhalten!«. Alle VerkehrsteilnehmerInnen füllen das Zeichen mit diesem Inhalt. Es hat keine tiefere oder andere Bedeutung, darf sie gar nicht haben, da es dann unbrauchbar und verwirrend wäre. Ein Zeichen mit Stellvertretungscharakter beruht auf der Übereinkunft zwischen Menschen, die es benützen. Es braucht nur eine neue Abmachung getroffen zu werden, und schon kann sich seine Bedeutung ändern. Jedes Zeichen kann durch ein neues ersetzt werden, wenn eine entsprechende Absprache erfolgt.

Zwischen Verstehen und Verhüllen

Dem Wortstamm nach kommt Symbol vom griechischen »symballein« (= zusammenwerfen, zusammenfügen). Das Symbol verbindet scheinbar Getrenntes miteinander: Vordergründiges und Hintergründiges, Wissen und Intuition. Vergangenheit und Zukunft, Innen und Aussen, Bewusstes und Unbewusstes.

Symbole können wir nicht benützen. Was Symbole von Zeichen unterscheidet, ist ihr Bedeutungsüberschuss. Symbole tragen eine Vielfalt an Bedeutungen in sich, die uns über den Verstand allein nicht zugänglich sind. Sie kommen aus der Tiefe menschlicher Erfahrung und menschlichen Erlebens. Sie sprechen unsere Gefühle an und wecken Erinnerungen. Das Symbol des Meeres beispielsweise weckt in uns Gefühle von Weite und Unendlichkeit, vielleicht auch Gefühle der Angst vor unergründlichen Tiefen. Es wäre unvorstellbar, dass das Symbol des Meeres aufgrund einer Abmachung beispielsweise auf wirtschaftliche Sicherheit hinweisen könnte. Die Assoziationen, die das Symbol Meer weckt, lassen eine solche Deutung nicht zu, weil sie den Bildern, die in uns aufsteigen, zuwiderlaufen.

Aber auch jede Festlegung des Symbols auf eine Bedeutung, die unseren Gefühlen näherliegt, kann seiner Aussagekraft nicht gerecht werden. Ein Symbol ist immer vielschichtig, und keine Deutung wird je einholen, was es uns sagen kann. Um es verstehen zu können, sind Ahnung und Intuition wichtiger als Wissen. Das kann in unterschiedlichen sozialen Zusammenhängen oder in verschiedenen Jahrhunderten ein anderer Aspekt des Symbols sein. Und selbst Menschen, die zur gleichen Zeit unter ähnlichen Voraussetzungen leben, werden aufgrund individueller Erfahrungen zu unterschiedlichen Deutungen kommen. Was ein Symbol in einem bestimmten Augenblick sagen kann, ist immer nur ein Ausschnitt von all dem, was es in sich birgt. Erst wenn wir es in seinem Geheimnischarakter anerkennen und zulassen, dass es immer auch verhüllt, was es uns sagen will, werden wir ihm gerecht. Das bedeutet, dass es in der Deutung eines Symbols kein richtig oder falsch in einem rationalen Sinn geben kann. Wir können nicht über den Aussagegehalt eines Symbols verfügen, wenn wir es verstehen wollen. Um seiner Botschaft näherzukommen, müssen wir uns einlassen auf das, was es in uns anspricht.

Zwischen Geschichte und Zukunft

Viele Symbole verbinden in sich Geschichte und Zukunft. Besonders die alten Symbole, deren Ursprünge bis in die Urgeschichte zurückgehen, blieben sich über Jahrtausende gleich. Ihre Form veränderte sich kaum. Ihre Bedeutung aber wandelte sich, so wie sich ihr soziales Umfeld änderte. So kann die äussere Gestalt eines Symbols während langer Zeit gleich bleiben, doch von Generation zu Generation verändert sich sein Inhalt. Besonders gut zeigen lässt sich das am Beispiel des Baumes als Symbol für den Ursprung des Lebens und für den Mittelpunkt der Welt, so z. B. die Weltesche Yggdrasil, der paradiesische Baum der Erkenntnis oder die heilige Eiche der Germanen. Damals war der Baum Inbegriff der Kraft und Ursprung des Lebens. Unter dem Einfluss des Christentums wandelte sich der Inhalt des Symbols, der Baum durfte nicht mehr Wohnsitz der Gottheit und Mitte der Welt sein. Doch in seiner äusseren Gestalt blieb der Baum wichtiges Symbol unserer Gesellschaft, auch wenn sich sein Inhalt änderte und er zum Kreuz, zum Maibaum oder zum Weihnachtsbaum wurde. Heute nun erhält der Baum noch einmal neue Inhalte: Er wird zum Symbol für die kranke, bedrohte Natur, aber auch zum Ausdruck einer tiefen Sehnsucht nach Wurzeln, Beständigkeit und lebenswerter Zukunft. So weist der Baum als Symbol auch auf die Utopie einer Welt der Selbstbeschränkung und der Zuwendung zur Natur hin. Damit wird am Beispiel des Baumes deutlich, wie ein Symbol Vergangenheit und Zukunft miteinander verschränkt. Im Symbol werden Bilder, Erfahrungen und Hoffnungen von Generationen von Menschen gesammelt und unbewusst weitergegeben. Gleichzeitig füllt sich das Symbol mit den eigenen individuellen Erfahrungen und mit gesamtgesellschaftlichen Themen. Damit ist das Symbol individueller und kollektiver Geschichtsträger. Gleichzeitig weist es nach vorn, da es sich mit immer neuen Erfahrungen, Inhalten, Sehnsüchten, Hoffnungen kreativ füllen lässt.

Es zieht zurück zu den Wurzeln der Vergangenheit und weist vorwärts, in die Offenheit noch unbekannter Möglichkeiten.

Zwischen Innen und Aussen

Symbole vermitteln auch zwischen innerer und äusserer Welt. Unsere Zeit ist darauf ausgerichtet, die äussere Welt der Daten, Fakten, Beweise und der greifbaren Dinge als die einzig wahre, ernstzunehmende gelten zu lassen. Die innere Welt der Menschen – Träume, Phantasien, Intuition, Trance – ist verdächtig, wird schnell einmal belächelt und ins Reich des Kuriosen bis Verrückten abgeschoben. Unser gesamtes Ausbildungssystem von der Grundschule bis zur Universität ist auf den Erwerb von Fakten-Wissen und die Beherrschung der äusseren Welt ausgerichtet. Der Zugang zur inneren Welt des Menschen ist höchstens eine Luxusbeschäftigung oder wird verschüttet. Damit werden wir von unserem reichen, inneren Leben abgeschnitten, verdrängen es und entfremden uns von uns selbst und von der Tiefendimension des Lebens. Das Symbol kann nun eine Brücke schlagen zwischen der äusseren Welt des Faktischen und der seelischen Innenwelt. Denn es gehört der äusseren Welt an, da es greifbar, fassbar, beschreibbar ist. Es lebt stark von einer Tiefe, die gefüllt ist mit unseren Erfahrungen, Gefühlen, Bildern, Träumen und Hoffnungen. Das Symbol bietet sich direkt an, sich mit unserem eigenen Seelenleben zu füllen. Gleichzeitig ist es bereits voller Inhalte und Bilder von Generationen von Menschen und kann uns mit deren Hilfe zu unserem eigenen Inneren führen. Das Symbol ist also Weghilfe zum verschütteten Leben der Seele.
Von hier aus ist es nur noch ein kleiner Schritt zum Zusammenhang zwischen Symbol und Glaube. Um unseren Glauben – das, was uns unbedingt angeht – auszudrücken, haben wir nur eine Sprache: die Symbole. Wenn wir Gott umschreiben als den tiefsten Sinn unserer Existenz, als Kraft, die zwi-

schen Menschen lebt, oder als jenes Umfassende, das uns hält und trägt, so geschieht das nicht anders als in Bildern, weil sich das Gemeinte unserer Sprache stets wieder entzieht. Symbole entsprechen der religiösen Erfahrung am stärksten, da sie vieldeutig und damit in ihrer Aussage immer auch offen sind auf anderes, neues hin. Sie umschreiben, statt dass sie festlegen, und werden damit dem stets vorläufigen, einzigartigen, schwer mitteilbaren Charakter des Glaubens und der Gottesbeziehung am besten gerecht. Wenn wir also unseren Glauben mitteilen, so geschieht das stets symbolhaft. Theologie hingegen reflektiert diese Aussagen auf der Ebene der Analyse und des Begriffs, sie spricht über den Glauben und ist nicht Ausdruck des Glaubens.

Symbole sind jedoch nicht nur Ausdruck unseres Glaubens. Sie können zu gelebter Glaubenserfahrung werden. Nehmen wir das Beispiel des Labyrinths. Als Bild kann es unter anderem Ausdruck unseres Lebensweges, unserer Suche, unseres momenthaften Ankommens in der Mitte sein. Wenn wir aber nun ein Labyrinth legen, es gemeinsam mit anderen sehr bewusst abschreiten, so können wir in diesem Gehen einen Teil unserer Lebenssuche sehr intensiv erfahren. Wir be-gehen das Symbol im wahrsten Sinn des Wortes und machen damit den Schritt vom Symbol zum Ritual. Durch das Ritual werden wir in die Erfahrung des Symbols und damit in die in seiner Tiefe liegende Wirklichkeit hineingenommen. Im gelungenen Ritual erfahren wir die Verbindung von unserer Alltagswelt mit der Grundlage unserer Existenz. Diese Erfahrung können wir im Ritual mit anderen teilen und erleben so Sinn und einen grösseren Zusammenhang unserer Existenz, da wir uns eingebunden erfahren in ein grösseres Ganzes.

Das Symbol ist also der Schlüssel zu den Tiefendimensionen unserer Existenz. Als solcher ist es nicht machbar, sondern es entsteht aus einem bestimmten Lebens-, Sozial- und Kulturzusammenhang heraus. Es muss mit Erfahrungen und

Sinn gefüllt sein, in seiner Deutung offen bleiben und mit unserer Alltagswelt verknüpft werden, sonst entleert es sich sehr bald und wird zum gehaltlosen Klischee oder Zeichen.

Zwischen Hoffnung und Angst

Was Symbole im weiteren charakterisiert, ist ihre Doppelwertigkeit. Ein Symbol ist immer ambivalent. Es weist verschiedene Pole auf, von denen bald der eine, bald der andere im Vordergrund stehen kann. Wasser ist uns als Symbol des Lebens vertraut. Seine Kraft lässt auf der Erde Leben gedeihen. In der religiösen Symbolik begegnet es uns als Zeichen der schöpferischen Kraft Gottes. Menschen, die von der fruchtbaren Kraft des Wassers abhängig sind, nehmen diesen Aspekt des Symbols besonders deutlich wahr. So galt beispielsweise den BewohnerInnen Ägyptens, die jährlich auf die fruchtbare Flut des Nils warteten, um die Erde wieder bebauen zu können, das Wasser in erster Linie als Hoffnungszeichen.
Zuviel Wasser kann jedoch eine Katastrophe herbeiführen. Als Überschwemmung kann es Leben bedrohen und vernichten. Im alttestamentlichen Bericht von der Sintflut kommt dieser zweite Pol der Symbolik des Wassers zum Ausdruck. Seine Kraft kann alles Leben auf der Erde wieder zerstören. Es ist fähig umzubringen, was es einmal hervorgebracht hat.
Symbole sind also zugleich Zeichen der Hoffnung und Zeichen der Angst. Sie können bald diese, bald die andere Erfahrung in uns ansprechen. Ihre Ambivalenz macht einmal mehr deutlich, dass wir über Symbole nicht verfügen können, sondern uns vielmehr auf sie einlassen und hinhören müssen, was sie uns in einem bestimmten Augenblick oder in einer bestimmten Situation sagen wollen.

Neue Symbole

Neben den Ursymbolen, die so alt sind wie das religiöse Empfinden der Menschen, gibt es auch viele zeitgebundene Symbole. Sie tauchen in einem bestimmten Zusammenhang auf, drücken die Erlebniswelt einer Gesellschaft oder einer Generation aus und lösen sich oft sehr schnell wieder auf. Ein aktuelles Beispiel für ein zeitgebundenes Symbol ist die Coca-Cola-Dose. Für Jugendliche auf der ganzen Welt ist sie weit mehr als nur ein Behälter für ein Getränk. Die Dose ist gefüllt mit der Sehnsucht nach Ungebundenheit, dem Versprechen von grenzenloser Weite und dem Gefühl, unglaublich überlegen zu sein. In der Cola-Büchse liegen die Träume von Millionen von Jugendlichen. Eine geschickte Werbeindustrie hat diesen Symbolwert, diese Träume aufgespürt, verstärkt sie und macht sie zum Markenzeichen eines Getränks.
Ganz allgemein hat die Werbung den Wert und die Möglichkeiten, die Symbole bieten, schon längst durchschaut und benutzt sie höchst gekonnt zur Umsatzsteigerung. Denn wer die Tiefenwirkung der Symbole kennt und nutzt, kann damit ohne weiteres via das Unbewusste der Menschen deren Konsumverhalten manipulieren. Zunehmend beginnt die Werbeindustrie sogar, selber Symbole zu konstruieren, mit dem von ihr gewünschten Inhalt zu füllen und Symbol und Inhalt untrennbar mit dem Produkt, das sie verkaufen will, zu verbinden. Für diesen ganzen Prozess können die Werber auf ein immenses Wissen über das Funktionieren der menschlichen Psyche zurückgreifen. Mit Hilfe dieses Wissens können sie die innere Kraft von Symbolen geschickt nutzen und das Kaufverhalten der Menschen äusserst subtil beeinflussen. Gerade dadurch aber verlieren die Symbole ihr wichtigstes Merkmal: dass sie nicht machbar und nicht verfügbar sind. Die ganze Welt samt ihrer Symbole wird so zu einem gewinnbringenden Gebrauchsgegenstand umfunktioniert.

Individuelle Symbole

Eine weitere Familie von Symbolen sind die individuellen Symbole. Sie besitzen nur für eine Person oder eine kleine Gruppe Bedeutung, weil sie nur mit deren Erfahrung verbunden sind. So liegt zum Beispiel auf meinem Pult ein Stein, der mir sehr viel bedeutet. Eine Kollegin schenkte ihn mir, als es mir während einiger Zeit schlecht ging. Sie sagte, er werde mir Trost geben, wenn ich ihn nötig habe. Tatsächlich nehme ich ihn oft in die Hand, wenn mich etwas belastet. Ich spüre seine glatte, kühle Oberfläche, die in meiner Berührung warm wird. Mit den Jahren füllte sich mein Troststein mit Gefühlen, Bildern und Erinnerungen, und er bedeutet mir viel. Wer ihn aber zufällig auf meinem Schreibtisch liegen sieht, wird denken: »Ein hübscher Stein!«, viel mehr wohl kaum. Jeder Mensch hat seine eigenen, individuellen Symbole. Denn sie drücken in seinem Leben das aus, was an seinen Erfahrungen einmalig, besonders ist, und das eine Tiefe in sich trägt, die nicht immer mit Worten mitteilbar ist.

Literatur:
Hubertus Halbfas, Das dritte Auge. Religionsdidaktische Anstösse, Düsseldorf (Patmos) 1982.
Verena Kast, Die Dynamik der Symbole. Grundlagen der Jungschen Psychotherapie, Olten (Walter) 1990.
Manfred Lurker, Die Botschaft der Symbole. In Mythen, Kulturen und Religionen, München (Kösel) 1990.

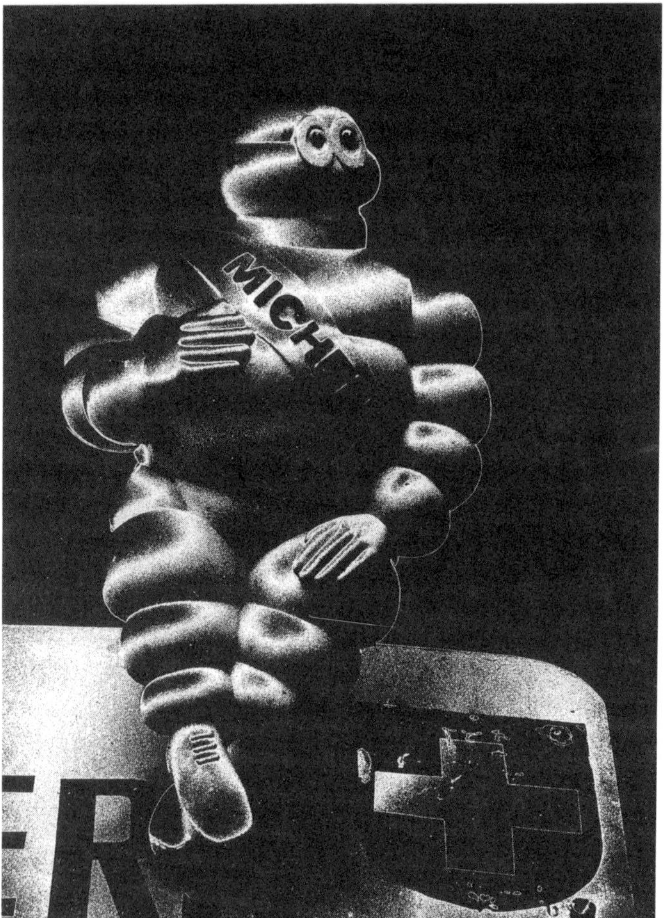
MICH
ER

Die politische Funktion von Symbolen

Symbole als »Bindemittel«

Neben ihrer tiefenpsychischen Wirkung haben Symbole auch eine wichtige politische Funktion. Politisch meint hier: auf die Organisation von Beziehungen, die Verteilung von Macht und die Ordnung der Gesellschaft bezogen. Symbole wirken auf sehr verschiedene Arten politisch: Sie ordnen Erfahrungen der einzelnen Individuen in einen grossen gemeinsamen Sinnzusammenhang ein; sie verbinden Individuen zu einer Gemeinschaft und sind Ausdruck des »Bindemittels«, das diese Gemeinschaft zusammenhält; und sie regeln die Beziehungen innerhalb der Gesellschaft. Ausserdem reduzieren sie komplizierte Sachverhalte auf eine einfache Aussage. Dadurch wirken sie entlastend; sie nehmen uns analysierende Denkarbeit ab und lassen uns etwas auf der Gefühlsebene sofort und unmittelbar verstehen. Sie schalten Zweifel, Widersprüche und Kritik aus und wecken so das Einigende, allen direkt Einleuchtende. Besonders deutlich werden alle diese Aspekte am Wahrzeichen nationaler Identität, an der Landesfahne.

Die Schweizerfahne beispielsweise ist – wie Flaggen überhaupt – Ausdruck dessen, was ein Sammelsurium von verschiedenen Gemeinschaften zu einem Staat zusammenführt: der Wunsch nach einer gesicherten Existenz, nach Vormacht gegenüber potentiellen Gegnern, nach Identität, Zugehörigkeit und Heimat. Dementsprechend ist dieses weisse Kreuz auf rotem Grund auch mit Bildern (weisse Berge, blaue Seen, weidende Kühe) und Gefühlen (Stolz, Geborgenheit, Zufriedenheit) gefüllt. Damit ist die Fahne Ausdruck des Verbindenden, ja, der Grundlagen unseres Staates. Da das Symbol in seiner Deutung jedoch offen ist, kann es sich auch mit sehr gegensätzlichen Bildern und Gefühlen füllen, im Fall der Schweizerfahne z.B. mit Schiess-

plätzen, Grossbanken, Inseldenken, mit Wut, Verachtung oder Scham. Das erklärt auch, weshalb die Verbrennung einer Fahne je nach Standort als Ausdruck der Wut, Akt der Befreiung oder Verbrechen gewertet werden kann – auf jeden Fall aber etwas Spektakuläres, tief Bedeutsames, emotional Explosives ist. In jüngster Vergangenheit wurde dies besonders greifbar bei den Verbrennungen der amerikanischen Flagge im Iran, bei der Machtübernahme durch Khomeini oder zu Beginn des Golfkrieges im Irak. Diese Verbrennungen waren Ausdruck des gemeinsamen Willens zum Widerstand und des Hasses auf den grossen Feind. Zugleich schürte der Symbolakt diese Gefühle und liess sie zu einer politischen Macht werden. Eine Nationalflagge kann aber auch ganz andere Gefühle wecken. Als beispielsweise Namibia in die Unabhängigkeit entlassen wurde, erhielt das Land eine neue Flagge. Die Farben und Embleme dieser Flagge wurden auf T-Shirts, Briefpapier, Karten usw. gedruckt, als Ausdruck des Stolzes auf eine eigene Identität und der Freude über die gewonnene Autonomie. So weckt die Fahne – positiv oder negativ – ein Wir-Gefühl. Der Staat braucht Symbole wie Fahne, eine legendäre Gestalt (Wilhelm Tell) oder Jahrzahlen (1291) dringend, um sich zu legitimieren. Denn Staaten sind künstliche Gebilde, die ständig mit allen Mitteln gegen ihren Zerfall in einzelne Volks- oder Interessengruppen ankämpfen müssen. Anderseits zeigt gerade die Entwicklung im ehemaligen Jugoslawien, dass Nationalismus, geschart um das Symbol der Fahne, zum Bürgerkrieg und zum Zerfall eines Staates führen kann.
Das Beispiel der Nationalflagge zeigt, wie zutiefst ambivalent der politische Gebrauch von Symbolen ist. Sie können stabilisierend und einigend wirken. Oft aber bieten sie sich den Mächtigen als Manipulierungsmittel direkt an. Zugleich tragen sie aber ein starkes revolutionäres Potential in sich.

Die revolutionäre Sprengkraft von Symbolen

Symbole können eine wichtige Funktion haben im Prozess der politischen Veränderung. So sammelten sich beispielsweise in der russischen Revolution all jene Kräfte, die das Zarenregime stürzen wollten, unter der roten Fahne. Sie war das revolutionäre Symbol, das Hoffnungen in sich trägt, Utopien und Freiheitsdrang verbindet, ungeahnte Kräfte freilegt und verheisst, dass das Erträumte greifbar nahe liegt. Damit tragen diese Symbole eine Sprengkraft in sich, die die Herrschenden fürchten. Eine Umsturzbewegung zerschlagen heisst immer auch, ihre Symbole zu vereinnahmen oder zu zerstören.

In den letzten zwanzig Jahren entstanden verschiedene politische Bewegungen, die ihren Widerstand gegen die herrschende Gesellschaftsform mit symbolischen Aktionen ausdrückten. Als grosser Wegbereiter dieser Widerstandsform kann Mahatma Gandhi genannt werden, der seinen Anliegen durch gewaltfreie symbolische Aktionen sehr viel Öffentlichkeit verschaffte. Sowohl die Anti-Kernwaffen-Bewegung als auch Greenpeace und andere folgten auf seinen Spuren. Auch sie benutzten Symbole (den Regenbogen) oder symbolische Aktionen (Atomsprengköpfe mit menschlichem Blut begiessen), um einen komplizierten Sachverhalt auf einen einfachen Nenner zu bringen und starke, eindeutige Emotionen zu wecken. Die systemverändernde Kraft solcher Symbolhandlungen wurde besonders deutlich erlebbar beim Sturz der DDR-Regierung im Jahr 1989. Die regelmässigen »Montagsdemonstrationen« in Leipzig und anderen Städten der ehemaligen DDR, der Sturm auf die sogenannte Todeszone und die Inbesitznahme der Berliner Mauer einten den Widerstand, machten ihn unübersehbar und brachten das geschwächte System endgültig zu Fall.

Im Gegensatz zu Fahnen oder Nationalfeiern wollen Widerstandsbewegungen jedoch nicht ein künstliches Wir-Gefühl aufbauen. Sondern sie machen darauf aufmerksam, dass die

Welt eben nicht so heil und einfach ist, wie die Herrschenden glauben machen wollen. So fordern diese Symbolaktionen zu kritischem Denken und neuer Analyse heraus, anstatt dies zu verhindern.

Symbole als Mittel zur Macht

Die Kraft, die Symbolen innewohnt, macht sie allerdings auch zu interessanten Hilfsmitteln all jener, die Menschen manipulieren wollen. Wer eine Menschenmenge für sich gewinnen möchte, arbeitet vorzugsweise mit Emotionen, die er geschickt steuert. Symbole können solcher Steuerung dienen, da mit ihrer Hilfe schwelende Gefühle gesammelt, gezündet, ideologisch geordnet und dann in eine bestimmte Richtung gelenkt werden. So wurde z.B. das uralte Symbol des Hakenkreuzes benutzt, indem es mit der Ideologie der arischen Vorherrschaft und mit einem weltweiten Herrschaftsanspruch gefüllt wurde. Es drückte die Hoffnung und das neu erwachende Selbstbewusstsein eines Volkes aus, das vor kurzem einen Krieg verloren hatte. Für diejenigen, die dem totalitären System Widerstand leisten wollten, wurde das Hakenkreuz zum Symbol für Angst, Terror und Gewalt. Damit sammelte sich im Hakenkreuz die Kriegsbegeisterung der Massen und die schweigende Angst der Andersdenkenden. Es wurde zum Träger einer Ideologie, die alle Lebensbereiche der Menschen kontrollierte. Wie ungeheuer stark die Macht eines solchen Symbols sein kann, zeigt sich auch darin, dass heute, kaum dass sich die allgemeine Lebenssituation im europäischen Raum verschlechtert und Unsicherheit um sich greift, das Hakenkreuz mitsamt seiner zerstörerischen Ideologie mit frischer Kraft wieder erscheint. Für Skinheads wird es zum Ausdruck ihres tiefsitzenden Hasses und des Wunsches nach Überlegenheit. Und offenbar treffen sie mit ihrem Auftreten die Befindlichkeit weiter Bevölkerungsteile. Bereits verliert das Symbol des Hakenkreuzes seinen Schrecken und wird wieder gefüllt mit Macht und nationaler Einigkeit im Tritt nach unten, nach den nächst Schwächeren.

Symbole, die wie das Hakenkreuz manipulativ eingesetzt werden, verlieren aber ihre Offenheit und ihren inneren Reichtum. Vordergründig bleiben sie zwar Symbole, geben sich offen und vieldeutig. Aber dadurch, dass ihre »Besitzer« sie gebrauchen, um eine Ideologie, ein Verhalten durchzusetzen, verlieren sie ihre Vielschichtigkeit. Sie werden zu Klischees, die immer und überall das gleiche zu bedeuten haben.

Symbole tragen also sowohl eine stabilisierende als auch eine sprengende Kraft in sich. Im Laufe ihres Lebens brauchen Menschen beides, sowohl Heimat als auch Ausbruch. Ein wirklich echtes Symbol lässt offen, welche Kraft es freisetzt, da es sich so füllt, wie es den einzelnen Menschen oder einer Gruppe in ihrer Lebenssituation entspricht. Es besteht jedoch immer die Gefahr, dass die Herrschenden sich eines Symbols bemächtigen und es zur Legitimation ihrer Herrschaft missbrauchen. Damit verliert es jedoch seine befreiende Offenheit nach vorn. Statt dessen wird es zu einem Werkzeug der Anpassung. Damit wird es jedoch in seinem Kern ausgehöhlt und zerstört. Denn ein lebendiges Symbol entsteht aus authentischer, existentieller Erfahrung, und es ist auf Bewegung, Entwicklung, Tiefe und Kreativität hin ausgerichtet.

Literatur:
Alfred Künzli, Die Funktion des Symbols in der Politik, in: Gaetano Benedetti/Urs Rauchfleisch (Hg.), Welt der Symbole. Interdisziplinäre Aspekte des Selbstverständnisses, Göttingen (Vandenhoeck und Rupprecht) 1988.

Die Kirche als symbolbildende Kraft?

Wenn wir über Symbole nachdenken – und besonders über religiöse Symbole –, dann stellt sich sehr bald einmal die Frage nach der Rolle der Institution Kirche. Eigentlich müssten doch gerade unsere Kirchen Symbole pflegen und lebendig erhalten. Doch nehmen sie diese Aufgabe überhaupt wahr? Wir suchen die Antwort in der katholischen Kirche, da sie uns am vertrautesten ist.

Bis zum II. Vatikanischen Konzil (1962–1965) war die Eucharistie der zentrale Ort symbolischer Handlung. Die Liturgie war ein kompliziertes Gefüge von Gesten, Schritten, gemurmelten Gebeten und rituellen Handlungen. Prächtige Gewänder, der Duft von Weihrauch, das Klingeln der Glöckchen trugen bei zu einem sinnlich reichen Schauspiel. Gleichzeitig war das Ganze für die Gläubigen oft unverständlich, da alles in Latein ablief. Diese Sinnlichkeit, gepaart mit Unverständlichkeit, liess viel Freiraum offen für eigene Phantasie und Träumerei; manche Symbole wurden mit sehr verschiedenen Bildern und Gefühlen gefüllt. So versteckte sich im volksreligiösen Verhältnis zu christlichen Symbolen und Symbolhandlungen immer noch eine kräftige Portion »heidnischer« Überreste und magischen Denkens. Dies alles hatte Platz in der alten Liturgieform, genauso wie die Freiheit, zu kommen und zu gehen, wann es den einzelnen passte, hinten im Dunkeln zu stehen oder vor dem Marienaltar zu knien – es bestand innerhalb der Liturgie eine relativ grosse Bewegungs- und Denkfreiheit.

Nun soll die vorkonziliare Liturgieform nicht in den Himmel gerühmt werden. Sie war in vielem Abbild einer bestimmten Herrschaftsform und Ideologie, die hier auf keinen Fall verteidigt werden soll. Diese Herrschaftsform drückte sich ebenfalls symbolisch aus, z.B. dadurch, dass in der Liturgie kein weibliches Wesen Zugang zum Chorraum hatte. Zugleich muss aber gesagt sein, dass die symbolischen Hand-

lungen der vorkonziliaren Liturgie eine starke emotionale und integrierende Kraft hatten, sodass viele Menschen darin Beheimatung und gleichzeitig einen gewissen Deutungsfreiraum fanden.
Im Laufe der Fünfzigerjahre wurden in den Pfarreien Kräfte wach, die die Liturgie zu verändern begannen, um sie den sich wandelnden Bedürfnisse der Menschen anzupassen. Jugendgottesdienste, Jazzmessen und vieles andere entstand, Symbole erhielten eine neue Deutung, in der Liturgie wurden kreativ neue Formen ausprobiert. Diese Eigenmächtigkeiten der Basis alarmierten Rom. Hier musste etwas geschehen. Die Liturgiereform des zweiten Vatikanums war die Antwort.
Wenn wir diese Reform kritisch betrachten, wird schnell deutlich, dass die Experimentierfreude und die Veränderungswünsche der Basis durch das Konzil kanalisiert und unter Kontrolle gebracht wurden. Die Pfarreien wurden wieder auf eine bestimmte, einheitliche Liturgieform verpflichtet, eigenmächtige Veränderungen waren kaum mehr möglich. An der Liturgie allerdings wurden einschneidende Veränderungen vorgenommen: Die symbolischen, »unverständlichen« Handlungen wurden weggestrichen. Alles musste für alle durchschaubar, nachvollziehbar werden. Das Konzil nahm eine Verschiebung vom Symbol zum Wort vor. Ziel war es, die Gläubigen durch die Liturgie über den christlichen Glauben zu belehren. Das Ritual wurde zu einer theologischen Lehrveranstaltung, die Phantasie wurde ausgedörrt. Und mehr denn je stand der Priester im Zentrum des Geschehens, da er der Leiter der Liturgie und oft auch der Ausleger des Wortes war (ist).
Nun könnte man auch meinen, dass es ein befreiender Akt ist, wenn die GottesdienstbesucherInnen ernst genommen und schon rein sprachlich in die Liturgie einbezogen würden. Das stimmt, vorausgesetzt, die GottesdienstbesucherInnen haben nicht nur eine rein passiv-empfangende Rolle, sondern reden, gestalten und feiern aktiv mit. Und ebenfalls vor-

ausgesetzt, die übrige Struktur der Kirche ist darauf ausgerichtet, LaiInnen miteinzubeziehen, ihnen Mitbestimmung und Entscheidungskompetenz zu übertragen. Genau dies geschah aber im Vatikanum nicht. Das Volk sollte die Botschaft empfangen und sie nicht selber formulieren. Die oft zitierte »fromme und tätige Teilnahme der Gläubigen«, die das Konzilsdekret zur Liturgie forderte, meinte nie ein Mitgestalten. Sondern es ging um ein Dabeisein, Hören, Verstehen, also um ein pädagogisches Anliegen. Jede liturgische Handlung sollte fortan allen verständlich sein. Die Entscheidungskompetenz über die Inhalte und Formen blieb fest in den Händen des Klerus; das eingeführte System der Räte (Pfarreiräte, Seelsorgeräte...) vermittelte den Ratsmitgliedern zwar das Gefühl, mitreden zu können, zeigte aber im Konfliktfall sehr bald, dass die Macht nicht in diesen Gremien lag. (Die Schweizer Kirche ist hier insofern in einer Ausnahmesituation, als hier die Finanzkompetenz über die Gelder der Kirchensteuer in den Händen von Laiengremien liegt.)

Kurzum: Zielrichtung der Liturgiereform war Disziplinierung der Basis und Vermittlung der Lehre. Ein wichtiges Mittel dabei war die »Zerstörung der Sinnlichkeit«. Wie wir schon im letzten Kapitel gesehen haben, verfügen Symbole immer auch über eine unkontrollierbare, offene Dimension. Die Konzentration der Liturgie auf das Wort zerstörte diese symbolische Ebene weitgehend. Damit räumte die katholische Kirche ein Feld, das ihr ureigenstes war: jenes der Symbole und Rituale. Sie überliess es Fernsehen und Werbung, die dem Symbolbedarf der Menschen noch so gerne entsprechen. Damit hat die Kirche eine wichtige Chance vertan. Sie hätte bewusst Symbole pflegen und lebendig werden lassen können, die in Widerspruch stehen zu Konsumzwang und technokratischem, auf Funktion und Profit konzentriertes Wirtschaftssystem. So hätte sie eine gesellschaftlich wichtige Gegenkultur entwickeln können. Doch der Rat der alten, zölibatären Theologen und ihre Nachfolger haben diese Gelegenheit verpasst. Damit schaufelt die Kirche emsig an ihrem eigenen Grab. Denn indem sie auf Symbole, Sinnlichkeit und Ritual zugunsten des Wortes und der Kontrolle verzichtet, gibt sie ihre emotionale, verbindende Kraft auf und läuft Gefahr, zu einem kargen, intellektuellen Gerippe der Einheitsideologie zu werden.

Dementsprechend gibt es heute auch immer mehr Gruppen und Bewegungen, die sich selbst als innerhalb der christlichen Tradition stehend betrachten, die jedoch neue, eigene Liturgien, Rituale oder Gottesdienste entwickeln. Sie suchen jene Formen, die ihrer Lebenshaltung entsprechen. Neue Symbole entstehen durch die Geschichte der Gruppe oder Bewegung, und oft werden auch alte Symbole (z.B. Salbung, Segen, Brot und Wein) wiederentdeckt, neu gefüllt und laufend verändert. Hier entsteht eine neue Form des Kirche-Seins, autonom, von unten, am Rande der Grosskirchen angesiedelt. Die Menschen verbindet eine gemeinsame Betroffenheit (z.B. in einer feministisch orientierten Frauengruppe), ein miteinander geteiltes Engagement und der Wille, sich eigenständig mit der christlichen Tradition auseinanderzusetzen. Symbole erhalten in diesen Gruppen einen wichtigen Platz, da sie sich mit dem füllen, was die Gruppe verbindet, und so Gemeinschaft stiften.

Literatur: Alfred Lorenzer, Das Konzil der Buchhalter. Die Zerstörung der Sinnlichkeit. Eine Religionskritik, Frankfurt (Europäische Verlagsanstalt) 1981.

Exkurs: Zum Beispiel Frauengottesdienste

Frauen bemächtigen sich des liturgischen Raumes

Während Jahrhunderten waren Frauen eifrige und treue Gottesdienstbesucherinnen. Sie hatten jedoch keinerlei Möglichkeit, den Inhalt und die Form der Feiern mitzubestimmen; die Definitionsmacht lag voll und ganz in den Händen des Klerus und besonders der Theologen. Damit wurde die symbolbildende Kraft, die Frauen zweifelsohne immer hatten, ganz massiv beschnitten; sie hatten keine andere Wahl, als jene Symbole zu übernehmen, die ihnen von Männern vorgesetzt wurden.

In den letzten Jahrzehnten nun ist durch den Bedeutungsverlust der Institution Kirche ein Vakuum entstanden, das Frauen zunehmend als Freiraum zu nutzen beginnen. Sie entdecken die Möglichkeit, nun selbst zu bestimmen, woran sie glauben und wie sie feiern wollen. In vielen Frauen erwacht eine grosse Sehnsucht nach Liturgien in ihrer eigenen Sprache, mit Symbolen aus ihrem Lebenszusammenhang, mit Erzählungen über ihre Verletzungen und ihr Heilwerden. Endlich soll es um sie gehen, ihre Erfahrungen sollen im Mittelpunkt stehen. Heute schaffen sich immer mehr Frauen Raum, um gemeinsam eine neue liturgische Sprache zu finden, neue Formen zu entwickeln und alte Symbole neu zu füllen. Auf diesem Weg sind sie oft unsicher; für viele ist es ein sehr mutiger Schritt, sich den liturgischen Raum anzueignen und selbst eine Feier zu gestalten. Noch immer herrscht in ihnen die unausgesprochene Überzeugung, nur TheologInnen seien fähig, Gottesdienste zu gestalten. Doch zusehends zeigen sie Lust am Experiment, am Neuen und entwickeln auch Sinn für Traditionen, die sie behalten, aber neu füllen wollen.

Besonders schön aufzeigen lässt sich dieses neue Verhältnis

zu traditionellen Symbolen am Beispiel von Brot und Wein. In den Frauengottesdiensten in Luzern, die seit 1987 bestehen, gehörten Brot und Wein von Anfang an unverzichtbar zu den Feiern. Doch drückte sich die Unsicherheit im Umgang mit diesen gerade von der katholischen Kirche stark belegten Symbolen darin aus, dass Brot und Wein jeweils erst nach dem Gottesdienst geteilt wurden. Beides stand auch am Rande des Raumes auf einem Tisch und wurde erst nach Gottesdienstende in den Kreis geholt. Nach einiger Zeit wanderten Brot und Wein in die Mitte des Kreises, wurden jedoch erst zum Abschluss der Feier geteilt. Erst nach etwa drei Jahren begannen Frauen, das Teilen in den Gottesdienst hineinzunehmen. An diesem Punkt wurden auch Becher für den Wein und ein Teller für das Brot eingeführt. Und erst heute entwickeln sich Formen, Brot und Wein zu segnen, und zwar in einer eigenen, dem speziellen Anlass entsprechenden Sprache. Dieses Beispiel zeigt, wie sich auch in Frauengottesdiensten langsam, über Jahre hinweg, liturgische Formen entwickeln und Symbole neue Bedeutungen annehmen. Dieser Prozess braucht Zeit und viel Sorgfalt, da die alten, oft leer gewordenen Formeln nicht mehr taugen, bei manchen Frauen sogar Widerwillen und schmerzhafte Erinnerungen wachrufen, das Neue jedoch noch kaum greifbar ist.

Frauengottesdienste als Feier der Weggemeinschaft

Frauen, die Frauengottesdienste besuchen, verbindet nicht nur ihr Frau-sein, sondern eine gemeinsame Erfahrung, eine Vision und eine gesellschaftliche Option. Diese Frauen machten in ihren Kirchen die Erfahrung, dass sie kaum gehört und oft in ihren Fähigkeiten nicht ernst genommen wurden. Auch gesellschaftlich sind Frauen nach wie vor benachteiligt. Aus diesen geteilten Erfahrungen wächst bei den Frauen Empörung, Trauer, aber auch die Kraft des Wider-

standes. Gemeinsam und einzeln beginnen die Frauen, aus dem patriarchalen Gesellschaftssystem auszubrechen. Auf diesem Weg aus der altvertrauten Enge in ein neues, weites Land ist für die Frauen die Weggemeinschaft mit andern, gleichgesinnten Frauen und Männern lebenswichtig. Vieles an Unterstützung, Solidarität und Veränderung beginnt hier, auf dem Weg, spürbar zu werden.
Frauengottesdienste sind wichtige Oasen auf dem langen, oft mühseligen Weg zur Selbstbestimmung. Hier wird gemeinsamer Schmerz zeichenhaft ausgedrückt, aber auch gemeinsame Hoffnung gefeiert. Symbole spielen dabei eine wichtige Rolle, da sie die verbindende Erfahrung, die oft schwer in Sprache zu fassen ist, ganzheitlich erfahrbar machen. Oft fällt es leichter, einen neuen Zugang zu einem Symbol zu finden, als theologische Inhalte neu zu erschliessen. Bei allem Suchen und Entwickeln aber ist die gemeinsame feministische Option wegleitend.
An manchen Orten wollen Frauen auf dieser Suche, die sehr viel Sorgsamkeit und Sensibilität verlangt, vorläufig noch unter sich sein. Sie sind in vielem noch unsicher, entdecken erst langsam ihre liturgischen und symbolbildenden Fähigkeiten und befürchten Leistungsdruck und Zwang zur Rechtfertigung, wenn die Gottesdienste auch für Männer offen wären. Andernorts sind die Gottesdienste öffentlich, und Frauen, Männer und Kinder nehmen regelmässig daran teil. Auch dort jedoch ist die gemeinsame feministische Option das verbindende Element, das aus der Gemeinschaft der Feiernden nicht wegzudenken ist.

Alte und neue Symbole

Im Rahmen der Frauengottesdienste erhalten alte Symbole neue Deutungen, und neue Symbole finden langsam einen ganz selbstverständlichen Platz in den Liturgien. Hier einige Beispiele für solche alte und neue Symbole:

Symbole aus der liturgischen Tradition: Brot und Wein/ Becher und Schale, Kerzen (z.B. als Gedenkkerzen für Opfer des Patriarchats wie etwa Frauen, die als Hexen verbrannt wurden);
Natur-Symbole: Früchte und Blumen (z.B. als Ausdruck des Erlebens des Jahreszeiten-Zyklus, des eigenen Reifens und Alterns sowie des körperlichen Zyklus der Frauen), Erde (z.B. als Ausdruck der Erfahrung der eigenen Erdverbundenheit, aber auch als Wiederaufnehmen von matriarchalen Mythen, die von der Mutter Erde erzählen, vom weiblichen Ursprung der Welt), Steine (z.B. als Ausdruck von Erfahrungen des Schmerzes, der Härte und der Wut);
biblische Symbole: Öl (z.B. in Erinnerung an die Salbung in Bethanien), Milch und Honig (z.B. als Ausdruck der Verheissung eines neuen Landes während des Marsches durch die Wüste); neue Symbole: die Farbe violett (z.B. als Ausdruck der Frauensolidarität und der Verbindung mit all den andern Frauen, die aufbrechen aus dem Patriarchat), Frauenzeichen (z.B. als Ausdruck der Stärke, Kraft und Selbstbestimmung von Frauen).
Innerhalb der Gottesdienste sind all diese Symbole noch immer in einem steten Wandel. Einige nehmen während einigen Gottesdiensten einen wichtigen Platz ein und tauchen dann wieder längere Zeit nicht mehr auf. Andere gehören immer dazu und sind aus der bewusst und liebevoll gestalteten Mitte längst nicht mehr wegzudenken. Auf jeden Fall aber werden durch diese Symbole Erfahrungen lebendig präsent, die die anwesenden Frauen teilen, und sie sind wichtiger Ausdruck gelebter Solidarität, Ermutigung und Ermächtigung. Die Frauengottesdienste zeigen, wie unverzichtbar für Frauen die symbolische Ebene ist, wie weit aber auch der Weg zur eigenständigen gemeinsamen Symbolbildung und -deutung ist. Fehlschläge gehören genau so sehr zu diesem Weg wie begeisternde Entdeckungen. Spannend aber ist dieser Balanceakt zwischen alt vertrauten und neu entstehenden Symbolen auf jeden Fall.

Das Verlorene wiedergewinnen

Wenn wir in unserer Welt nach Symbolen Ausschau halten, haben wir Frauen einen zweifachen Verlust zu beklagen. Zum ersten müssen wir die Bedeutungslosigkeit der Symbole als Botschaften der Geheimnisse des Lebens feststellen. Mit den Symbolen gehen nicht nur die Bilder der Seele verloren, sondern auch die menschliche Fähigkeit, diese wahrzunehmen. Das Unverfügbare, das nur in Gestalt der Symbole ausgedrückt werden kann, ist weitgehend verdrängt durch rational Erfassbares, sogar im Bereich der Religion.

Die Verdrängung des Symbolischen bedeutet aber keineswegs, dass es keine Symbole mehr gibt. Auch unsere Lebenswelt findet symbolische Ausdrucksformen, die sehr wirksam sind. Die Symbole unserer Gesellschaft sind in erster Linie männlich geprägt. Die Lebensrealität der Frauen spielt eine untergeordnete Rolle. Symbole, für die Frauen besonders zugänglich sind, werden unterdrückt oder abgewertet. Unsere Alltagssymbole sind zunächst Ausdruck der Lebenshaltung in einer patriarchalen Kultur. Durch ihre prägende Wirkung auf die Menschen tragen sie darüberhinaus dazu bei, dass diese Lebenshaltung auch vorherrschend bleibt. Sie stabilisieren das Bestehende. Die Symbole unseres Alltags werden jedoch kaum bewusst als Botschaften der Seele wahrgenommen und verstanden. Sie wirken meist losgelöst von unserer Wahrnehmung auf das Unbewusste ein oder werden in Politik und Wirtschaft gezielt zur Manipulation der Menschen eingesetzt.

Die Herr-schaft der logischen Vernunft beenden

Auch wenn noch so sehr Rationalität, Wissenschaftlichkeit und Fortschritt unsere westliche Welt der Gegenwart prägen, Symbole lassen sich nicht verdrängen. Das menschliche Unbewusste produziert sie laufend und bringt damit seine Botschaften ans Licht. Aber da sind die Symbole dem Zugriff des auf logische Vernunft reduzierten Menschen ausgeliefert. Wo immer sie auftauchen, sind sie in der Gefahr, rational festgemacht zu werden. Auch die christliche Religion ist davon nicht ausgenommen. Religiöse Symbole werden in den kirchlichen Institutionen kaum als Botschaften der Seele und des Göttlichen anerkannt, die erst im persönlichen Sicheinlassen auf ihre Sprache verstanden werden können. In Dogmen und rituelle Vorschriften eingegipst, gehen sie zugrunde. Ihrer Dynamik beraubt, können sie nicht mehr heilsame Zeichen sein. Sie stehen im Dienst derer, die sie vereinnahmen und sich damit den Zugriff auf das Unbewusste all jener Menschen anmassen, auf die das Symbol einwirkt.

Symbole sind prozesshafte Bilder, die uns zu einem ganzheitlichen Leben hinführen wollen und uns schöpferische Möglichkeiten des Umganges mit der Welt eröffnen. Wenn wir uns ihnen öffnen, erspüren wir die Hintergründigkeit unseres Alltags. Wir können tiefer, reicher leben. Diesen Weg aufzuzeigen, ist Ziel der folgenden Darstellung einzelner Symbole. Wenn wir uns bewusst auf sie einlassen, werden wir sowohl die Bilder der Seele als auch unsere eigene Symbolfähigkeit wiedergewinnen. Ein solch positiver Zugang ist die eine Seite, um mit Symbolen leben zu lernen. Ebenso wichtig ist eine kritische Haltung gegenüber jedem ideologischen Zugriff auf Symbole, der Leben behindert und Menschen missbraucht.

Verbunden mit dieser Ermutigung und Kritik ist ein Appell an die christlichen Konfessionen. Er entspringt der Überzeugung, dass religiöse Erfahrung nur möglich ist, wo Menschen sich in Freiheit auf Symbole einlassen können. Damit soll nicht einem religiösen Individualismus das Wort gesprochen werden. Auch die als Gut einer christlichen Gemeinschaft tradierten Symbole sollen Beachtung finden. Um sie zu verstehen, ist jedoch die persönliche Auseinandersetzung unabdingbar. Traditionelle Symbole treten in den Dialog mit unserem eigenen Erleben. Dadurch können wiederum neue Symbole entstehen. Wer einen Dialog wagt, setzt sich dem »Risiko« aus, nicht zu wissen, was dabei herauskommt. Nur wo Religion in diesem Sinn gelebt und nicht »praktiziert« wird, sind religiöse Erfahrungen möglich. Und wo Religion lebt, zeugen der Wandel und die Neuentdeckung von Symbolen davon. Unsere Generation hat gelernt, dass die christliche Religion Antworten gibt. Wenn wir uns auf die Sprache der Seele einlassen, wird sie uns jedoch nicht nur Antworten geben, sondern auch neue Fragen auftragen. Religion wird zu einer Realität, die nicht durchschaut werden kann – für Menschen, die mit dem Undurchschaubaren nicht leben können, eine Bedrohung.

Die Suche nach Lebensbewältigung durch Symbole ist enorm, auch ausserhalb der Kirchen. Antworten auf Fragen, die nicht zu beantworten sind, finden grosses Echo. Ich denke an die Verbreitung populistischer Astrologie, die den Menschen ohne Auseinandersetzung mit ihrer eigenen Persönlichkeit solche Antworten mittels Symboldeutung zu vermitteln vortäuscht. Im folgenden zweiten Teil dieses Buches geht es darum, zu einem persönlichen Gespräch mit Symbolen hinzuführen und nicht ihre Bedeutung festzuhalten. Wir können und wollen nicht einen objektiven Gehalt darlegen, sondern in der Darstellung dem dialogischen Anspruch der Symbole gerecht werden.

Zyklische Symbole aufwerten

Wir haben festgestellt, dass in unserer Alltagssymbolik in erster Linie Fortschritt, Aufwärtsstreben, Zielorientierung zum Ausdruck kommen. Ohne Zweifel ist diese lineare Bewegung eines der Strukturgesetze unserer Welt. Komplementär dazu gibt es jedoch die zyklische Bewegung, die oft mit dem Weiblichen in Verbindung gebracht wird. Lineares und Zyklisches gehören zusammen, wenn wir als Individuen ein ganzheitliches Leben finden möchten. Und eine Welt, in der nur das eine oder das andere Platz hat, wird auseinanderbrechen. Zyklisches Denken ist in unserer Gesellschaft weitgehend verlorengegangen, oder es wird als minderwertig abgelehnt und lächerlich gemacht. Symbole, die zyklische Erfahrung und zyklisches Denken zum Ausdruck bringen, erfahren das gleiche Schicksal.
Die Abwertung des Zyklischen ist auch ein Instrument zur Unterdrückung weiblicher Erfahrung und weiblicher Macht. Die Orientierung am Linearen bevorteilt die Männer und sichert ihre Vormachtstellung in unserer Gesellschaft. Was diese einseitige Lebenshaltung bringt, nehmen wir tagtäglich mit Schrecken wahr und erahnen in dunklen Träumen, was sie noch bringen könnte. Dass im folgenden Teil dieses Buches zyklische Symbole entfaltet werden, soll gegenüber dieser Einseitigkeit ein Gegengewicht darstellen. Wir sind nicht der Meinung, dass Weiblichkeit und zyklisches Denken identisch sind. Es wäre fatal, dieses den Frauen einmal mehr als naturbedingte Veranlagung zuzuschreiben und uns damit »lineare Fähigkeiten« abzusprechen. Es ist eher so, dass Frauen weniger geneigt sind, das Zyklische abzuspalten. Durch Prozesse, die wir am eigenen Leib erleben, sind wir zu einer intensiveren Wahrnehmung von Kreisläufen fähig und einem ganzheitlicheren Erleben näher.
Wo Frauen und Männer auf zyklische Symbole aufmerksam werden und ihren Wert entdecken, besteht die Chance, dass unsere Welt wieder menschlicher und lebenswerter wird.

Die Einmischung der Frauen ist in diesem Suchprozess entscheidend. Wir verfügen über Fähigkeiten, die es durch die Symbole zu entdecken und zu leben gilt.

II Die Dynamik zyklischer Symbole

Der Kreis

Ferner war damals die ganze Gestalt eines jeden Menschen rund, indem Rücken und Seiten eine Kugel bildeten; Hände aber hatte ein jeder vier und ebensoviele Füsse und zwei einander völlig gleiche Gesichter auf einem kreisrunden Halse. Für beide einander entgegengesetzt liegenden Gesichter aber hatten sie einen gemeinsamen Kopf, zudem Ohren und zwei Schamglieder und alles andere, wie man es sich hiernach wohl ausmalen kann. Man ging nicht nur aufrecht wie jetzt, sondern, wenn sie es eilig hatten, machten sie es wie die Radschlagenden, die mit gerade hochgestreckten Beinen sich im Kreise herumschwingen: auf ihre damaligen acht Gliedmassen gestützt bewegten sie sich im Kreisschwung rasch vorwärts. So gab es denn der Geschlechter drei und von dieser Beschaffenheit; und das aus dem Grunde, weil das männliche ursprünglich von der Sonne stammte, das weibliche von der Erde und das aus beiden gemischte vom Mond; denn dieser hat teil an beiden, an Erde und Sonne. So waren sie denn, sie selbst wie auch ihr Gang, kreisförmig, weil sie ihren Vorfahren ähnlich waren. Sie waren demnach von gewaltiger Kraft und von hohem Selbstgefühl, ja, sie wagten sich sogar an die Götter heran.

Platon

Diesen Mythos überliefert uns der griechische Philosoph Platon in seinem »Gastmahl«. Als Strafe für den Hochmut über ihre vollkommene Gestalt wurden dann die Kugelmenschen in zwei Teile getrennt. Zeus zerschnitt sie in Mann und Frau. Seither streben die Hälften der Kugelmenschen nach der ursprünglichen Harmonie und Einheit.
Die Sehnsucht der Menschen nach dem Kugelförmigen drückt sich nicht nur in der Suche des anderen Geschlechtes aus. Kreis und Kugel verkörpern das, was sich an Sehnsucht nach der Zusammenführung des Getrennten, nach Überwindung des Gegensätzlichen und nach Erlösung aus der Zerrissenheit unserer Lebenswelt ausdrückt.

Die runde Form

In der Geometrie bietet die Berechnung des Kreises grösste Schwierigkeiten. Im Gegensatz zu Quadrat oder Dreieck können seine Masse nur in Annäherung berechnet werden. Mit der Zahl Pi ist es der Mathematik gelungen, sich der Berechenbarkeit des Kreises anzunähern, aber eben nur anzunähern. Die Form des Kreises und jene ihrer dreidimensionalen Gestalt, der Kugel, entzieht sich letztlich der Verfügbarkeit durch die Naturwissenschaft.
Im Gegensatz zum geometrischen Kreis existieren in der Natur eine Vielzahl runder Formen, die sich nicht exakt konstruieren lassen. Früchte und Blumen haben Kreis- oder Kugelform. In der indianischen Kultur ist das Vorbild des Runden in der Natur heilig. In Übereinstimmung mit dem Handeln des grossen Geistes bilden die indianischen Menschen in ihren Gegenständen, Behausungen, in ihrem sozialen Leben die Kreisform nach. Der Kreis steht für das gottgeschenkte Leben, das mit Ehrfurcht behandelt wird. Nur der weisse Mann schafft viereckige Dinge, welche die Natur verletzen und auch in der Seele des Menschen Schaden anrichten. So zieht der weisse Mann beispielsweise rechteckige Zäune um

das gottgeschenkte Land und nennt es sein eigen. Nicht nur bei der indianischen Bevölkerung Nordamerikas, sondern auch in anderen Kulturen finden wir die Kreis- und Kugelform in menschlichen Nachbildungen. Insbesondere sakrale Bauten sind, in Nachahmung göttlicher Erfahrung, rund angelegt.
Rund sind auch die menschlichen Gesten der Geborgenheit. In der Umarmung erleben wir etwas von jener Gestalt, nach der sich, um die Sprache des Mythos aufzunehmen, die Kugelmenschen sehnen. Im Kreis anderer spüren wir Geborgenheit und Umschlossensein und erahnen darin das verlorene Paradies.

Wortbedeutungen

Das Wort Kreis finden wir in unserer Umgangssprache in zahlreichen Bezeichnungen von Raum und Zeit und von Aspekten unseres Lebenskreises. Die geometrische Figur des Kreises wurde bis ins 17. Jahrhundert Zirkel genannt, daher der Ausdruck Bezirk für einen Landkreis. Der Raum, in dem wir leben, ist unser Gesichtskreis oder Umkreis, in weiteren Dimensionen der Erdkreis. Für Zeiträume, in denen wir unser Leben strukturiert sehen, gibt es Bezeichnungen wie den Jahreskreis oder den Tierkreis. Zur Beschreibung des zyklischen Werdens und Vergehens reden wir vom Kreislauf des Blutes in unserem Körper, vom Nahrungskreislauf, vom Kreislauf der Natur.
Kreise sind auch bedeutsam für unser soziales Zusammenleben, wie der Familien- oder Freundeskreis. Im Kreis oder Ring findet auch Politik statt. Einige Schweizer Kantone kennen anstelle der Urnenabstimmung die Versammlung im Ring der Landsgemeinde, wo über kantonale Vorlagen entschieden wird. Im Kaukasischen Kreidekreis von Berthold Brecht erscheint der Kreis als Ort der Rechtsprechung. Der Streitgegenstand, in diesem Fall das Kind, von dem zwei

Frauen behaupten, dass sie seine leibliche und somit wahre Mutter seien, steht im Kreis. Und beide Frauen werden aufgefordert, das Kind aus dem Kreis zu ziehen. So würde sich erweisen, welcher von den beiden das Kind wirklich gehört. Jene Frau, die darauf verzichtet, im Streit das Kind auseinanderzureissen, wird daraufhin vom Richter als die echte Mutter anerkannt. Der Kreidekreis verkörpert den Raum des Rechts, der hier das Kind vor dem willkürlichen Zugriff schützt.

Der Kreis als Ursprung

Inmitten der Welt zu stehen ist ein menschliches Urerlebnis. Das Kind erfährt seine erste Umgebung als Kreis seiner Lebenswelt, in dessen Zentrum es selber steht. Nach seiner Geburt aus dem runden Hohlraum der Gebärmutter ist es weiterhin auf einen Geborgenheit und Wärme spendenden Schutzraum angewiesen. Das kleine Kind verfügt über ein anthropozentrisches Weltbild. Auch in der Menschheitsgeschichte ist das anthropozentrische Weltbild das ursprüngliche. Der Mensch sieht sich selber als Mittelpunkt, um den sich sein Wohnort, sein Land und die ganze Welt ausbreiten. Die zwingende Fortsetzung dieses Empfindens ist ein geozentrisches Weltbild. Die Erde steht im Mittelpunkt des Weltalls, sei es als Scheibe oder als Kugel, und alle Gestirne umkreisen sie.
Die Vorstellung der Geburt aus dem Kugelförmigen finden wir in verschiedenen Weltentstehungsmythen. Im Alten Testament entspricht die Raikia (das feste Gewölbe in Gen. 1,7) diesem ursprünglichen Runden, aus dem sich alles Lebendige entwickeln wird. Die Vorstellung eines Ur-Eis als Urmaterie der Welt treffen wir in verschiedenen altmesopotamischen und ägyptischen Schöpfungsmythen an.
Das Geschaffene wiederum bildet einen Kreis, in dessen Mittelpunkt sich jeweils ein heiliger Ort oder eine Gottheit

befindet, um als Zentrum den ganzen Erdkreis zusammenzuhalten. Wie in Altmesopotamien die Stadt Babylon als »Durk-an-ki«, als »Band zwischen Himmel und Erde« galt, so ist nach biblischer Vorstellung die Stadt Jerusalem der Nabel der Welt.
Dem Kreis verwandte Formen können ebenfalls auf die Schöpfung hinweisen. So ist auch die Mandorla, der mandelförmige Kreis, ein Ursprungssymbol. Die Mandorla hat die Form des Muttermundes, aus dem alles menschliche Leben hervorgeht. Im Kult der ägyptischen Muttergöttin Isis wurde das mandelförmige Zeichen »Tor des Lebens« genannt. Christliche Darstellungen bilden sehr oft Christus in der Funktion als Weltenherrscher darin ab, umgeben vom ganzen Erdkreis. In anderen Kulturen erinnert die Lotosblüte an den Mutterschoss. Sowohl Brahma als auch der ägyptische Sonnengott werden aus der Lotosblüte geboren.
Als Ort des Urbeginns hat auch das Paradies Kreisform, in seiner Mitte steht der Baum des Lebens. Nach dem Sündenfall werden Adam und Eva aus diesem gotterfüllten Runden vertrieben. Der Kreis bricht auseinander, die Lebensrealität ist nicht mehr rund, sondern von polaren Gegensätzen geprägt, nach deren Überwindung sich die Menschen ein Leben lang sehnen werden. Im taoistischen Zeichen des Yin und Yang drückt sich diese Sehnsucht auf besonders eindrucksvolle Weise aus. Ein Kreis wird durch eine s-förmige Linie in einen schwarzen und in einen weissen Bereich geteilt, in deren Zentrum sich je ein weisser beziehungsweise ein schwarzer Punkt befinden. Yin und Yang, Erde und Himmel, Nacht und Tag, Passives und Aktives streben danach, zu einer inneren Einheit zu gelangen. Die Suche nach der Ganzheit ist eine Sehnsucht nach Erlösung aus der Gespaltenheit der Welt. In der Form des Kreises und der Kugel sind alle Gegensätze vereinigt.

Zeit und Ewigkeit

Eine wichtige menschliche Kreiserfahrung ist das Erleben, dass jede in der Natur wahrnehmbare Entwicklung zyklisch verläuft. Nicht nur unser Raum-, sondern auch unser Zeiterleben ist rund. Wir orientieren uns am Kreislauf von Tag und Nacht, am Zyklus des Mondes und an der Wiederkehr der Jahreszeiten. Aufgrund der Beobachtung kosmischer Kreisbewegungen ist Zeit messbar. Raum und Zeit sind zwei Aspekte des Welt- und Himmelskreises, die eng miteinander verbunden sind. In gewissen indianischen Sprachen werden »Erde« und »Jahr« mit dem gleichen Wort bezeichnet. Sowohl das lateinische Wort »templum« (Tempel) als auch »tempus« (Zeit) gehen auf denselben Wortstamm zurück. Raum und Zeit sind zwei miteinander verbundene Aspekte menschlicher Welterfahrung. Das Zeitdenken der meisten Kulturvölker ist ein zyklisches Denken. Die Vergangenheit wiederholt sich in jedem neuen Kreislauf. Die Zeit kehrt wieder in sich selber zurück. Aristoteles spricht von der ewigen Wiederkehr des Gleichen. Die Menschen der Antike nahmen den Lauf der Sonne im Tierkreis als Weltenuhr wahr, die ihnen die Zeiten der Saat, der Blüte, der Ernte und der Brachzeit ankündigten. Nicht nur der Lauf der Sonne, sondern auch die Phasen des Mondes sind ein wichtiges Zeitmessinstrument. Neben dem viergliedrigen, solaren Zyklus weisen dreigliedrige Symbole auf den Kreislauf des Mondes hin.
Der Zeitgott Aion oder das personifizierte Jahr, der Annus, sind Mittelpunkt zahlreicher antiker Darstellungen vom Lauf der Zeit. Die Figur steht im Zentrum des Jahreszeiten- oder des Tierkreises. In christlichen Darstellungen wird dieses Zentrum oft ersetzt durch Christus als den guten Hirten oder als Weltenherrscher. Im alten Rom fanden Zirkusspiele ursprünglich als zyklische, religiöse Feste statt. Vorbild des Zirkus, der runden oder ovalen Arena, war die Sonnenbahn, die der Sonnengott Helios mit seinem Pferdegespann durchritt.

Im alten China hatte der Kaiser als Himmelssohn dafür zu sorgen, dass die Zeiten des Himmels, sichtbar am Lauf der Gestirne, die Zeiten der Erde und der Menschen zur Übereinstimmung gebracht wurden. In einem besonderen Haus, genannt ming-t'ang (Haus des Lichts), weihte er durch das Abschreiten eines Kreises den Jahreszyklus.
Im Kreis finden sich sowohl Zeit als auch Ewigkeit ausgedrückt. Der ununterbrochene Kreislauf der Zeit ist die menschliche Erfahrung der unendlichen kosmischen Zeit. Die Linie des Kreises hat weder Anfang noch Ende. Die Darstellung des Uroboros, der kreisförmigen Schlange, die sich selber in den Schwanz beisst, taucht als Symbol für die Ewigkeit in verschiedenen Kulturen auf.
Im Gegensatz zum zyklischen Zeitdenken der meisten Kulturvölker ist das jüdisch-christliche Zeitdenken ein lineares. Die Zeit erfüllt sich nicht in der ewigen Wiederkehr des Gleichen, sondern in einer Linie von der Schöpfung bis zum Weltenende. Dennoch finden wir auch in christlichen Darstellungen Krone, Kranz und Ring als Manifestationen des Ewigen. Ein Beispiel dafür sind viele mittelalterliche Darstellungen Christi als Mittelpunkt von Raum, Zeit und Ewigkeit. Manchmal hält die Figur das Buch der Welt in ihren Händen mit den Buchstaben Alpha und Omega. Die geschichtliche Person Jesu wird mit dem Anfang der Welt verbunden und wird als der Messias wiederum erscheinen am Ende der Zeiten. Der Kreis schliesst sich wieder. Offenbar ist das zyklische Erleben so tief in der menschlichen Seele verwurzelt, dass trotz linearer Zeitvorstellungen die Bilder des Ewigen doch immer wieder in Kreis und Kugel ihren Ausdruck finden. Antike Darstellungen zeigen ähnliche Bilder wie Christus als Herrscher der Welt von Zeus als dem Zentrum des Kosmos. Im Hinduismus weist der im kosmischen Flammenkreis tanzende Gott Shiva auf die dem Göttlichen entstammende Kraft von Schöpfung, Erhaltung und Erlösung der Welt hin.

Die Sehnsucht nach Übereinstimmung

Wer die ersten Kritzelzeichnungen eines Kindes betrachtet, wird darin kreisförmige Bewegungen erkennen. Später wird das Kreisrund der Sonne zu einem der beliebtesten Malmotive. Fasziniert durch Ball, Reifen oder das Zifferblatt einer Uhr zeigen sich Kinder in besonderer Weise zum Runden hingezogen. Sie können stundenlang Steine ins Wasser werfen und die sich ausbreitenden konzentrischen Kreise betrachten. Ihre Spiele sind oft Bewegungen um eine Mitte. Vom Umwandern eines Kreises geht eine zentrierende Wirkung aus. Im Kreis zu gehen oder im Kreis zu sein vermittelt ein Gefühl von Mitte und Urvertrauen. Auch Rituale der Erwachsenen spielen sich sehr oft im Kreis oder um einen Kreis ab. Kreistänze um einen Maibaum oder das Sitzen im Kreis sind Erfahrungen von Geborgenheit. Der Kreis vermittelt etwas von dem, was wir uns auf der Suche nach dem verlorenen Paradies oder nach der Gestalt des Kugelmenschen ersehnen.

Seelisch unruhige Menschen fühlen sich in besonderer Weise zu Mandala-Bildern hingezogen. Mandala bedeutet in Sanskrit soviel wie rund. Das Mandala ist ein rundes Bild mit Ornamenten, das vor allem hinduistischen und buddhistischen Menschen als Meditationshilfe dient. Interessant ist, dass sich Mandalas in verschiedenen Kulturen finden lassen. Auch mittelalterliche Radfenster sind Mandalas, welche die BetrachterInnen zur Mitte ihrer eigenen Person hinführen.

Im Kreis kann ich nicht nur meine eigene Mitte erahnen. Ich erfahre mich auch im Einklang mit dem Kosmos, mit dem Göttlichen. Von der Mystikerin Hildegard von Bingen wird eine Vision überliefert, in der sie eine saphirblaue Menschengestalt in einem Kreis hellen Lichtes und einer funkelnden Lohe sah. Später wurde diese Vision als ein Bild der Trinität gedeutet. Der Kreis spielte bei den mittelalterlichen MystikerInnen eine entscheidende Rolle. Sie suchten die persönliche Mitte mit der göttlichen in Einklang zu bringen.

Das Verlangen, dass Himmel und Erde sich berühren, drückt sich besonders auch in der Unterteilung des Kreises aus. Das Quadrat und die Vierzahl, Ausdruck des Irdischen und der Endlichkeit, sehen wir in zahlreichen Mandalas, Bildern, Schöpfungs- und Weltvorstellungen aufgenommen. Das Kreuz im Kreis finden wir ebenfalls als Gestaltungselement der Welt. Der von Gott geschaffene Erdkreis wird in der mittelalterlichen Fensterrose verkörpert durch die vier Evangelisten, die vier Elemente, die vier Jahreszeiten, die dreimal vier Tierkreiszeichen. Vom Garten Eden gehen nach biblischer Vorstellung vier Flüsse in die verschiedenen Richtungen aus, um die ganze Welt zu umfliessen. Mittelalterliche Landkarten zeigen Jerusalem als eine runde Stadt mit vier Toren, die in die verschiedenen Himmelsrichtungen hinausführen. Die viergeteilte Erde war bereits Vorbild für den römischen Städtebau, Jerusalem wurde danach gestaltet. Von Norden nach Süden führte die Hauptstrasse, Cardo genannt, von Osten nach Westen der Decumanus, die rechtwinklig liegende Querstrasse.
Der berühmte Medizinmann der Sioux, Lame Deer, beschreibt den Kreis als zentrales Symbol seines Volkes, weil die Natur alles rund hervorbringt. Das Sitzen im Kreis, die Form des Zeltes, die Anordnung der Zelte beschreibt ebenfalls einen Kreis, weil sein Volk sich als kleinen Teil des Universums versteht. »Das Symbol des weissen Mannes hingegen ist das Viereck. Viereckig sind seine Häuser und Bürogebäude, und sie haben Wände, die die Menschen voneinander abschliessen. Viereckig ist die Tür, die dem Fremden den Eintritt verwehrt, der Geldschein, das Gefängnis. Viereckig sind auch die Geräte der Weissen – nichts als Schachteln und Kisten – Fernsehapparate, Radios, Waschmaschinen, Computer, Autos. Alles hat Ecken und Kanten – selbst die Zeit ist nicht mehr rund, die Zeit des weissen Mannes, bestimmt von Terminen, Stechuhren und Stosszeiten.«
Unsere heutige Lebenswelt hat an Kugelgestalt verloren und wird dominiert von Linien und Ecken. Die Bauten unserer Zeit

müssen zweckmässig sein und nicht wohltuend für die Menschen, die darin wohnen und arbeiten. Die Eckigkeit ist das Spiegelbild einer Gesellschaft, die dem Verlangen nach Grösse die Sehnsucht nach Ganzheit opfert. Das Wiederfinden des Kreises ist wichtiger denn je, um unsere zerrissene und zerreissende Lebenskultur in Einklang zu bringen mit dem uns umfassenden Geschehen der Welt.

Den Kreis erweitern

Im Symbol des Kreises finden wir auch eine Ambivalenz. Wie der Kreis Raum schaffen und Geborgenheit vermitteln kann, so kann er auch einengen, ausgrenzen, gefangenhalten. Für Menschen mit depressiven Charakterzügen, die dazu neigen, sich im Kreisen um sich selber zu verlieren, zeigt sich diese Ambivalenz des Kreissymbols besonders deutlich. Depressive Menschen können so im Bannkreis ihres Schutzbedürfnisses gefangen sein, dass sie keine Lebensenergie mehr entwickeln können. Ingrid Riedel beschreibt den Heilungsweg aus der Depression als Finden konzentrischer Kreise, die aus dem Bannkreis des Abgeschlossenseins zu einem eigenen Lebensradius hinausführen. Der Kreis muss eine Richtung erhalten, bedarf der Ergänzung durch ein lineares Moment, wie wir es in der Figur der Spirale wiederfinden.

Literatur:
Mircea Eliade, Ewige Bilder und Sinnbilder. Über die magisch-religiöse Symbolik, Frankfurt (Insel) 1976.
Freundschaft mit der Erde. Der indianische Weg, Freiburg (Herder) 1985.
Manfred Lurker, Die Botschaft der Symbole. In Mythen, Kulturen und Religionen, München (Kösel) 1990.
ders., Der Kreis als Symbol in Denken, Glauben und künstlerischen Gestalten der Menschheit, Stuttgart (Wunderlich) 1981.
Ingrid Riedel, Formen. Kreis, Kreuz, Dreieck, Quadrat, Spirale, Stuttgart (Kreuz) 1986.

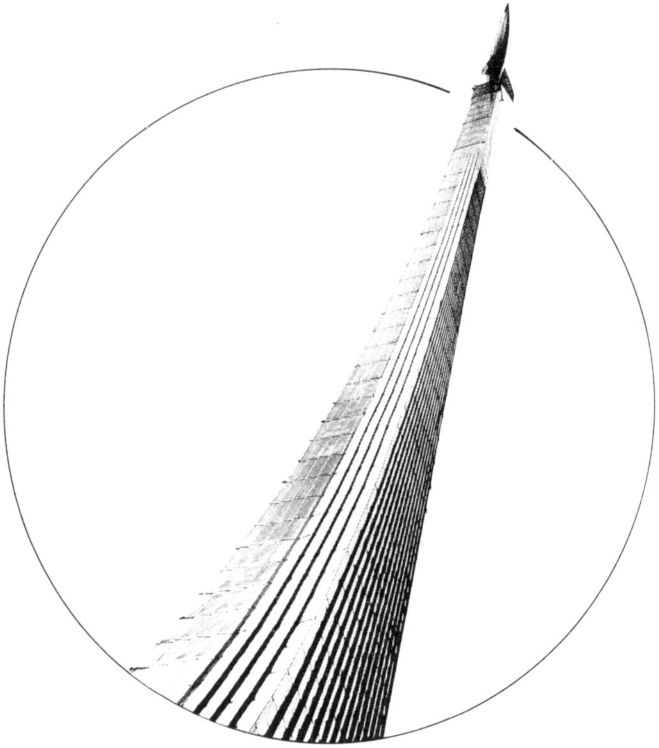

Exkurs: Lineare Symbole

Kein Wirtschaftsteil einer Zeitung kommt ohne sie aus. Magisch ziehen sie uns an, die verheissungsvollen oder Besorgnis erregenden Kurven und Säulen, lineare Symbole unserer Zeit. Sie haben es geschafft, als Gradmesser menschlichen Glücks zu gelten. Auf einen Blick ist feststellbar, wie es um uns steht. Umsatzsteigerung, Erweiterung des Marktes, Fortschritt, Wachstum! Nur wenn es aufwärts geht, können wir beruhigt sein. Wie hoch kann es noch bergauf gehen? Und wer bezahlt den Preis? Wirtschaftliches Nullwachstum gilt als Rückschritt. Dass wir immer aufwärts streben müssen, daran haben wir uns gewöhnt.
Lineare Symbole anderer Art können wir auf den nächsten Seiten der gleichen Zeitung finden, im Sportteil. Die entscheidenden Informationen finden wir dort in Form von Ranglisten. Sie erfreuen sich grösster Beliebtheit. Die verbreitete Begeisterung für sportliche Leistungen ist Ausdruck einer Gesellschaft, die sich an Höchstleistungen orientiert. Wer dazu selber nicht fähig ist, findet wenigstens im Eifer für den Erfolg anderer eine Möglichkeit, die eigene, von Minderwertigkeitsgefühlen geplagte Seele zu entlasten. Die Lieblinge der Nationen sehen sich gezwungen, die natürlichen Grenzen ihres Körpers durch chemische Präparate ausser Kraft zu setzen, damit das Immer-höher und Immer-schneller kein Ende findet. Die chemische Industrie bringt immer wieder neue Doping-Produkte zustande, die mittels Kontrollen nicht nachzuweisen sind.

Die Überwindung der Natur

Lineare Symbole wie die oben beschriebenen, zeugen vom menschlichen Willen, die Natur zu überwinden, herauszutreten aus der Verwurzelung mit der Welt und ihren einschränkenden Bedingungen. Was die Natur kennzeichnet, sind Kreisläufe. Das Zyklische jedoch ist in einer einseitig zukunftsorientierten Gesellschaft unpopulär. Es wird als eine den menschlichen Möglichkeiten unangemessene Einschränkung, als ewige Wiederkehr des Gleichen, zurückgewiesen. Die Aufklärung hat dem Gegensatz von Natur und Kultur und der daraus folgenden Abwertung des Naturhaften den Weg bereitet. Der aufgeklärte Mensch ist das von der Natur unabhängige Vernunftwesen. Ziel ist nach Immanuel Kant die Erlösung des Menschen von seiner »selbstverschuldeten Unmündigkeit«. Der philosophische Ansatz, wonach sich alle Erkenntnis vernunftmässig begründen lassen muss, hat sich mehr und mehr zur Dominanz von Naturwissenschaft und Technik hin weiterentwickelt. Heute scheinen wir an einem Punkt angelangt, an dem alles menschlich machbar erscheint. Der Preis, den wir und andere dafür bezahlen, der Preis auch, den wir der Umwelt abverlangen, ist mittlerweile bekannt. Der Rückschritt vom ewigen Fortschritt wäre die notwendige Konsequenz, gesellschaftlich jedoch undurchführbar. Lineares Denken hat sich in den Köpfen der westlichen Menschen zu sehr festgesetzt, der Glaube an den unaufhaltbaren Fortschritt ist nach wie vor ungebrochen.

Zyklische und lineare Zeit

Hinter einer so ausgeprägten linearen Weltauffassung steht das einseitig lineare Zeit- und Geschichtsverständnis unserer westlichen Welt. Zeit und Geschichte werden als fortschreitende Prozesse betrachtet. Und diese Prozesse werden entscheidend von uns Menschen geprägt. Zeit ist gleichsam eine Materie, über die wir verfügen, die wir nach unserem Willen gestalten können.

In mythischen Kulturen gilt der endlose Strom der Zeit als göttlich. Zeit ist das Unendliche, indem sich Leben peri-

odisch immer wieder neu ereignet. Der ewige Kreislauf der Gestirne bestimmt die Zeit. An ihnen kann sie gemessen werden. Zeit ist nicht nur Quantität, sondern auch Qualität. Die Tierkreiszeichen sind Symbole, welche die Qualität gewisser Zeitperioden zum Ausdruck bringen. Werden und Vergehen, Leben und Tod halten den Zyklus im Fliessen. Sie sind einander bedingende Gegensätze, deren Gleichgewicht zu schützen ist. Symbol für dieses zyklische Verständnis der Zeit war bei den Griechen der Uroboros, die sich in den Schwanz beissende Schlange.
Im Gegensatz dazu betrachtet die jüdisch-christliche Religion Gott als ausserhalb der Zeit stehend, als Schöpfer der Zeit. Gott bestimmt den Verlauf der Geschichte, indem er ihr seinen Heilsplan zugrunde legt und durch Wunder in natürliche Prozesse eingreifen kann. Die Zeit hat einen Anfang und ein Ende, ist eingespannt zwischen die Ereignisse der Schöpfung und des Jüngsten Tages. Die Menschen haben ihren Auftrag in der Geschichte zu erfüllen, indem sie sich durch moralische Lebensführung auf das Ende der Zeit vorbereiten. Von diesem jüdisch-christlichen Zeitverständnis wurde die westliche Geistesgeschichte geprägt, bis heute. Auch säkulare Heilslehren gehen davon aus. Das Konzept des Marxismus beispielsweise beruht ebenfalls auf einem linearen Geschichtsverständnis. Das Ziel der Zeit erfüllt sich jedoch nicht in einer Jenseitsvorstellung, sondern durch die klassenlose Gesellschaft.

Der Mensch im Mittelpunkt

Hinter diesem linearen Zeitverständnis steht ein anthropozentrisches, das heisst ein auf die Menschen bezogenes Weltbild. Der menschliche Auftrag ist nicht die Bewahrung der natürlichen Ordnung, worin beispielsweise die Indianer Nordamerikas ihren Lebensauftrag verstehen. Die Aufgabe der Menschen ist vielmehr der Sieg über die bestehende Unordnung und die Überwindung des Todes. Die Schöpfung ist nicht aus sich heraus gut. Erst das direkte oder durch Menschen vermittelte Eingreifen Gottes formt die Zeit zur Heilsgeschichte. Dieses grundsätzlich lineare Zeitverständnis weist zwar zyklische Elemente auf. Beispielsweise ist die Feier des Kirchenjahres mit seinen periodisch wiederkehrenden Heiligenfesten oder in den sieben Tagen einer Woche in Anlehnung an die sieben Schöpfungstage zu nennen. Grundsätzlich ist jedoch eine lineare Zeit- und Geschichtsorientierung massgebend. Zyklische Auffassungen, wie jene der christianisierten »Naturvölker«, werden als heidnisch abgelehnt. Bereits die Kanaanäer zur Zeit des Alten Testaments wurden wegen ihres Kultes um das jährliche Sterben und Wiedererstehen der Natur als Heiden ausgegrenzt.

Eugen Drewermann fordert in seinem Buch »Der tödliche Fortschritt« die ChristInnen auf, eine neue religiöse Haltung zu finden, die aus dem Anthropozentrismus, der Fixierung auf das Wohl der Menschen, herausführt. Nur eine am Gesamten des Kosmos orientierte Spiritualität, ein religiöses Welterleben kann uns mit der Schöpfung in Einklang bringen. Er sieht auch in biblischen Zeugnissen Ansatzpunkte für eine Spiritualität, in der sich der Mensch mit dem Kosmos verbunden erlebt. Der jahwistische, der zweite Schöpfungsbericht (Gen 3), geht noch von einem zyklischen Zeitverständnis aus. Das Paradies ist ein Kreis, in dem alles Leben geordnet ist. Der in der Einheit mit Gott lebende Mensch des Jahwisten sucht nicht den Fortschritt, sondern die Bewahrung der Dinge. Erst die Störung des natürlichen Gleichgewichtes führt dazu, dass die Menschen aus dem paradiesischen Zyklus herausfallen. Das menschliche Dasein wird in der Folge zu einem Leben, in dem der Tod nicht als notwendiger Gegensatz des Lebens akzeptiert, sondern als Strafe erfahren wird. In patriarchalen Kulturen ist das Phänomen der Todesangst besonders ausgeprägt. Wer Leben und Tod annimmt, wird befreit leben können. Es geht in der Erlösung also viel weniger um die Überwindung des Todes, als um die

Überwindung der Todesangst. Dies zu unterstützen, wäre eine wichtige Aufgabe des Christentums.

Literatur:
Eugen Drewermann, Der tödliche Fortschritt. Von der Zerstörung der Erde und des Menschen im Erbe des Christentums, Freiburg (Herder) 1991.
Marie-Louise von Franz, Zeit. Stömen und Stille, München (Kösel) 1992.

Die Spirale

Heimkehrer

Alle Erinnerung weggelitten
zu weit
zu weit über das Ziel
vor Heimweh

Aber die Zärtlichkeit
eines Keimblatts
ohne die kein Wachstum ist
der Schutz
einer Hand

Die hohe Spirale
auf der wir
alles
viel zu spät lernen.

Hilde Domin

Die Spirale ist keineswegs eine Erfindung der Menschen. Sie begegnet uns in der Natur auf Schritt und Tritt, überall dort, wo Leben entsteht und wächst: In Schneckenhäusern, Muscheln, sich entrollenden Farnblättern, aber auch in den DNS-Spiralen (Aminosäuren, die den genetischen Code tragen) oder in den Spiralnebeln und den spiralförmigen Galaxien im Weltraum. Das Leben entwickelt sich im Kleinen wie im Grossen offenbar spiralförmig.

Konzentration – Aktion

Der Spiralform können wir von aussen nach innen folgen oder von innen nach aussen. Wer schon einmal eine Spirale abgeschritten, getanzt oder gelaufen hat, spürte dabei bestimmt, wie verschieden die Dynamik der beiden Wege ist. Wenn wir der Spirale nach innen, zum Zentrum folgen, entsteht ein zunehmender Sog zur Mitte hin, immer schneller schrauben wir uns ins Zentrum, bis wir uns um uns selber drehen. Wir kommen auf uns selbst zurück, konzentrieren uns und kommen hier, in der Mitte, schliesslich zum Stillstand, zu einer spannungsvollen Ruhe. Dieser Weg nach innen gleicht dem Einatmen. Und wie dem Einatmen nach einer kurzen Pause das Ausatmen folgt, so gehört auch die Bewegung aus der Mitte hinaus zur Spirale, das immer schneller werdende Hinausstreben, die Aktivität, das In-die-Welt-Treten und Handeln.
Beide Bewegungen, Konzentration und Aktion, gehören in der Spirale untrennbar zusammen. Es sind Lebensbewegungen, die Innen und Aussen verbinden und zwischen beidem ein Gleichgewicht schaffen. In der persönlichen Entwicklung hat beides seine Zeit, nach aussen treten und sich dem Innern zuwenden. Und wenn eines von beidem unterdrückt oder verdrängt wird, wird damit ein wichtiger Teil der Persönlichkeit beschnitten.

Lebensweg

Wenn ich auf die letzten paar Jahre zurückschaue, scheint mir, ich kreiste immer wieder um ähnliche Themen, erlebte Situationen oder Beziehungskonstellationen, die sich glichen. Und doch meine ich, auch Veränderungen zu spüren. Ich lebe Wiederholungen und verändere die Situationen Mal für Mal, bis ich spüre: Wieder bin ich ein Stück gewachsen. Ich habe nicht die Wahl, eine ganz andere zu sein, doch ich kann weitergehen, meine Themen Schritt für Schritt durch Wiederholung weiterentwickeln.

Spiralförmig kreise ich so, erreiche immer neue Ebenen. Besonders spürbar wird das für mich an bestimmten Daten – Geburtstag, Neujahr. Ein Jahreskreis schliesst sich, ich gelange wieder an demselben Datum an, bin immer noch dieselbe. Und doch, wenn ich zurückschaue, hat sich vieles verändert, ich nehme mich anders wahr – wieder bin ich meiner Lebensspirale einen Bogen weiter gefolgt, manchmal durch mühsame Arbeit, Frustrationen, Schmerz.

So zeigt sich, dass unser Leben nicht ein Kreis ist, keine einmal gelegte Rundbahn, der wir nun im ewig gleichen Schritt folgen. Es ist aber auch keine gerade Linie von Punkt A (Geburt) zu Punkt B (Tod). Sondern es ist Verbindung von beidem, von wiederholenden Kreisen und von fortschreitender Veränderung. So ist die Spirale die kreative, lebendige Verbindung von Kreis und Linie, von Wiederholung und Fortschritt, Ausdruck eines Wachsens, das sich seiner Mitte und seines Ursprungs gewiss bleibt.

Zwischen zwei Unendlichkeiten

In der Bewegung der Spirale gibt es weder von innen nach aussen noch von aussen nach innen einen Endpunkt. Oder mathematisch gesprochen: der Lauf der Spirale ist in beiden Richtungen unendlich. Genau wie die Spirale bewegt sich auch das menschliche Leben zwischen zwei Unendlichkeiten, nämlich zwischen der Unendlichkeit der Zeit vor der Geburt und der Unendlichkeit der Zeit nach dem Tod, die zusammen jene Einheit von Zeit und Raum bilden, in die unser Leben eingebettet ist.

So gleicht die Bewegung aus der Mitte hinaus in die Weite der Entstehung eines Kindes und seinem besitzergreifenden Wachstum in die Welt hinaus. Es ist ein Weg in die Dynamik und Fülle des Lebens. Alt werden, sich dem Lebensende nähern, gleicht der Bewegung zurück zur Mitte. Es ist ein Weg zunehmender Stille, bis hin zum endgültigen Stillstand, dem Tod.

Seit der Steinzeit nimmt deshalb die Spirale im religiösen Erleben der Menschen einen wichtigen Platz ein. Sie schmückt Tempel und Gräber. Oft begegnet sie auch in der Form einer eingerollten Schlange. Die Schlange, die sich im Laufe ihres Wachstums immer wieder häutet, war in ihrer gerollten Form sowohl Ausdruck von Tod und Neubeginn, als auch von Weisheit und Lebenskraft.

Doppelspirale und Labyrinth

In verschiedenen Kulturen wurde die Spirale zur Doppelspirale weiterentwickelt:

Die Doppelspirale verbindet den Weg nach aussen und den Weg nach innen, Geburt und Tod, miteinander. Entstehen und Vergehen waren für die Menschen früherer Kulturen nicht voneinander trennbar, Leben und Tod konnten nicht gespalten werden. Diese Kulturen lebten meist von Ackerbau und Viehzucht. Ihre Religionen waren geprägt von Fruchtbarkeitskulten und der Verehrung der grossen Göttin. In ihrem Erleben des natürlichen Zyklus gehörten Wachstum und Sterben, Ernte und Brachzeit, Schwangerschaft und Tod eng zusammen.
Die Doppelspirale drückt diese Ganzheit aus. In Kreta und Malta wurde sie weiterentwickelt zu Mäander-Mustern, die auch heute in der griechischen Volkskunst noch gebräuchlich sind. In Irland und der Bretagne sind die Doppelspiralen in der keltisch-christlichen Kunst auf Kreuzen und in alten Handschriften der Evangelien zu finden; hier wurde die Doppelspirale auch weiterentwickelt zu kunstvoll verschlungenen Bandmustern.
Ebenfalls aus der Spirale entwickelte sich das Labyrinth. In ihm ist der Weg zur Mitte voller Verwicklungen und Verwirrungen. Kaum glaubt man sich am Ziel, wird man wieder weit weg geführt. In der Mitte aber wartet – je nach Erzählung – der Schatz, das Lebenswasser oder aber das Ungeheuer, der Tod. Besonders klar zeigt das die Erzählung vom Faden der Ariadne:
Minos, der König von Kreta, hatte die Stadt Athen erobert. Als Tribut forderte er alle neun Jahre sieben Jünglinge und sieben Jungfrauen. Sie wurden in das berühmte Labyrinth des Minos eingeschlossen und dem wilden Stier darin, dem Minotaurus, vorgeworfen.
Als Athen seinen Tribut zum drittenmal leisten sollte, stand der Sohn des Königs von Athen, Theseus, in der Volksversammlung auf und erklärte, er selbst wolle nach Kreta gehen und den Minotaurus besiegen oder sterben.
Als Theseus in Kreta vor dem König erschien und wünschte, dass Athen von seinem Tribut befreit werden

sollte, falls er den Minotaurus besiege, verliebte sich die Tochter des Königs, Ariadne, in ihn. Sie gab ihm einen Fadenknäuel, dessen Ende er am Eingang zum Labyrinth festknüpfen und den er mit sich führen sollte, damit er wieder aus der Mitte herausfinden könne.
Als Theseus bald darauf ins Labyrinth geschickt wurde, folgte er Ariadnes Rat. Durch die verschlungenen Wege gelangte er in die Mitte des Labyrinths und kämpfte dort mit dem Ungeheuer. Als er es besiegt hatte, fand er dank des Fadens zurück zum Ausgang und konnte gemeinsam mit seinen GefährtInnen und Ariadne die Heimkehr antreten.
Dank seines Mutes findet Theseus diese Mitte, er lässt sich ein auf den Kampf mit dem Ungeheuer und durchbricht damit die Todesspirale. Doch nur durch Ariadnes Faden, durch ihre Intuition und Klugheit, findet er auch wieder zum Ausgang, hinaus ins Leben. Die sich gegenseitig unterstützende Verbindung von fraulichen und männlichen Qualitäten führte zur Erhaltung des Lebens und auf einen Weg von Verbundenheit und Neuanfang.

Aufstieg und Abstieg

Wenn wir uns die Spirale dreidimensional, also räumlich vorstellen, eröffnet sie uns noch einmal ganz andere Möglichkeiten. So dreht sie sich in die Höhe wie ein Adler, der sich so weit hinaufschraubt, bis wir ihn aus den Augen verlieren. Beim Bild der Spirale, die sich in die Höhe windet, fallen mir spontan einige Begriffe ein: Aufstieg, Erkenntnis, Erleuchtung, Denkwelt, Wissen, Fortschritt, Vergeistigung. Der Weg hinauf, auf den Berg der Erkenntnis, hat mit der Suche nach Transzendenz und Ewigkeit zu tun, mit der Sehnsucht, das zu erreichen, was uns immer übersteigt.
Die Spirale, die sich nach unten dreht, gleicht dem Wasserstrudel: er packt, zieht mit sich in die Tiefe, ins eigene Zentrum, in den Schattenbereich, ins dunkle Reich der Triebe, in

den Urschoss. Dieser Weg in die Tiefe erinnert an die inneren Reisen von SchamanInnen, an die Traumbilder von MystikerInnen, aber auch an Wege, die heute die Psychotherapie einschlägt.
Diese Spirale, die sich in die Höhe oder in die Tiefe windet, ist in jedem Fall immer die eine und selbe Spirale; nur die Laufrichtung wechselt. Höhe und Tiefe sind miteinander verbunden, ja sie sind identisch.
In unsrer Kultur besteht eine verhängnisvolle Spaltung zwischen diesem Weg in die Höhe und jenem nach unten. Aufstieg, Intellekt, Erkenntnis gelten als erstrebenswertes Ziel menschlichen Fortschritts und werden nach wie vor in eins gesetzt mit männlicher Objektivität und Denkfähigkeit. Der Weg in die Tiefe hingegen gilt als dunkel, gefährlich und unkontrollierbar; dieser Teil des Lebens wird abgespalten, verdrängt und dem Weiblichen zugeordnet. Diese tiefgreifende Spaltung in männliche Denkwelt und weibliche Triebwelt, in hell und dunkel, und die Verdrängung der Tiefendimension zeigen heute ihre tödlichen Folgen. Die Spirale ist hier jenes Symbol, in dem sich Gespaltenes zusammenfügt und zu einem lebendigen Ein und Aus, Hinauf und Hinunter wird. In der Spirale wird der ganzheitliche Lebensprozess greifbar.

Literatur:
Jill Purce, Die Spirale. Symbol der Seelenreise, München (Kösel) 1988.
Ingrid Riedel, Formen. Kreis, Kreuz, Dreieck, Quadrat, Spirale, Stuttgart (Kreuz) 1988.

Der Mond

Luna

Luna
tote Mondgöttin
verleugnete

Verstohlen
ersteht sie auf
im Dichter
wenn sein Gesicht
schwarz wird
vom Suchen
der verlorenen Schönheit

Rose Ausländer

Vollmond – ein Kribbeln liegt in der Luft, und das weiche Licht hält dich wach, zieht dich hinaus zu einem Gang durch die silbern träumende Gegend. Die Strassen der Stadt sind von angeregter, ja aggressiver Lebendigkeit erfüllt. Der Mond, die Nacht – das stille und zugleich energiegeladene Gegenstück zu Sonne und hellem Tag.
Während Jahrtausenden prägten der Wechsel zwischen Tag und Nacht sowie der zu- und abnehmende Zyklus des Mondes das Leben der Menschen. Mythen, Sagen und Legenden rankten sich um Nacht und Mond. Viele von ihnen erzählen von der Macht des Weiblichen und der Fruchtbarkeit. So deutlich wie sonst kaum irgendwo schwingt bei den Motiven »Nacht« und »Mond« das Thema des Frau-Seins und der weiblichen Macht mit. Gerade in den Bildern der Mythen kommt dies sehr stark zum Ausdruck. Weil viele dieser Mythen in den vergangenen Jahrhunderten vor allem unter dem Einfluss des Christentums verlorengingen, soll diese mythische Seite des Symbols »Mond« in diesem Kapitel besonders viel Raum erhalten.

Die Urnacht

Je naturnäher und auch je abhängiger ein Volk von der Natur lebte, um so grösser war die Bedeutung, die es der Nacht und auch dem Mond gab. Die Nacht erlebten die Menschen als sehr zwiespältig. Einerseits war sie eine Zeit der Ruhe, der Besinnung, der Träume und Visionen und damit der Weg zu den Göttern und die Zeit der Seele. Anderseits galt sie als Feindin der Menschen, als Zeit der Geister, der Dämonen und der Toten, als Zeit auch der Zauberei und der Magie.
Diese besondere Bedeutung der Nacht zeigt sich auch in vielen Mythen um die Entstehung des Kosmos. Sie erzählen von der Urnacht, einer Nacht, die absolut ist, die alles deckt und alles in sich birgt. Diese Nacht ist nicht Leere, nicht das Nichts, sondern es ist ein Noch-nicht-Sein, ein Urraum und

Urgrund noch verborgener Möglichkeiten und Kräfte. So ist die Urnacht das Ungetrennte, als alles noch eins war, bewegungslos und ohne Ordnung. Von einer solchen Urnacht erzählen unter anderem ägyptische, indische, nordische und auch polynesische Schöpfungsmythen. Oft wird die Urnacht auch als Person beschrieben, als Urmutter (griechisch und germanisch), Urschoss (tibetanisch), Mutter des unendlichen Raumes oder als Mutter der Tiefe (armenisch). Die Urnacht ist damit die pränatale Existenz der Welt.

In dieser Urnacht entsteht gemäss den Mythen Bewegung, indem in ihr die Sehnsucht erwacht. Der Kosmos und die Schöpfung wird, indem aus der Allnacht das Licht hervorbricht oder die Allnacht das Licht entlässt. In den frühesten Mythen entsteht so die Schöpfung durch ein friedliches Zusammenwirken der Kräfte. Der Weltbeginn fällt zusammen mit der Entstehung des Rhythmus zwischen Tag und Nacht.

In späteren Mythen wird die Urnacht als bedrückend, unheilvoll und lebensfeindlich geschildert. Bei der Schöpfung geht es darum, dass das Licht über die Dunkelheit siegt. Dieser Sieg geschieht gewaltsam, durch einen grossen Kampf (mit den Ureltern oder dem Chaosungeheuer). Das Licht, das eingeschlossen war, wird durch diesen Sieg befreit. Helden der Kämpfe sind junge männliche Sonnengötter, die die Urnacht bezwingen. Hinter diesen Mythen steht vermutlich ein Wechsel von der matriarchal geprägten Verehrung der Mondgöttin zur Vorrangstellung des Sonnengottes.

Auf jeden Fall wird durch die Schöpfung die Nacht nicht aufgehoben, sondern sie wird in die kosmische Weltordnung eingefügt und erhält ihren festen Platz.

Nacht des Unheils – Nacht des Heils

Wie schon in den Schöpfungsmythen behielt die Nacht im Erleben der Menschen durch Jahrtausende ein Doppelgesicht: ein dunkles und ein helles. Die finstere Nacht (die

Nächte vor Neumond) galt als verderblich, gefürchtet, gefährlich und ordnungsfeindlich. Ihren Höhepunkt erreichte die Gefährlichkeit um Mitternacht, in der Todesstunde des alten Tages und vor der Geburt des neuen. Die helle Nacht (die Nächte vor Vollmond) galt als Freundin aller; sie wurde beschrieben als wohlwollend, gütig und still. Auf diese Zweigesichtigkeit treffen wir noch verstärkt, wenn wir uns intensiver mit dem Mond auseinandersetzen.

Entsprechend der finsteren und der hellen Nacht gab es Nächte des Unheils und Nächte des Heils. Im Neuen Testament beispielsweise wird verschiedenes als unheilvolle Nacht beschrieben: der Zustand der Welt vor der Geburt Christi, die Macht des Satans in der Welt, die Finsternis als Reich der Verdammnis etc. Die Nacht gilt hier als bedrohlich, anfällig für das Böse. In verschiedenen Kulturen galt die Nacht als Zeit der Toten, die zurückkehrten, der Dämonen, eine Zeit auch des furchtbaren Weiblichen. So war in der jüdischen Überlieferung Lilith – die Nächtliche – eine Nachtdämonin, die Kinder raubte und den Männern im Schlaf ihre Kraft nahm. Sie galt auch als Mutter des Teufels. Gegen solche DämonInnen der Nacht gab es verschiedene Abwehrhandlungen, so zum Beispiel Rituale mit Feuer, Fackel und Licht, aber auch Lärm, Geschrei und Peitschenknallen, rituelle Kämpfe, Reinigungsriten und Ausräucherungen, nächtliche Gaben an die Toten und das nächtliche Gebet. Rituelle Kämpfe dämonischer Gestalten sind heute besonders im Alpenraum noch immer Brauch gegen Ende des Winters, um die DämonInnen der Dunkelheit zu vertreiben. In der Zentralschweiz beispielsweise wird im Dezember von den Kindern noch immer das Peitschenknallen betrieben. Und viele der heute Erwachsenen wuchsen mit dem allabendlichen Gebet zum Schutzengel auf. Spuren der unheilvollen Aspekte der Nacht erhielten sich so bis in unsere moderne Welt.

Die Nacht des Heils dagegen ist gnadenvoll. Sie bringt Geborgenheit und Gottesnähe. So kennen wir Berufungsgeschichten im Alten Testament, in denen Gott Menschen nachts, oft im Traum, als Propheten berief und ihnen ihre Aufgabe auftrug. Auch die Berufung Mohammeds und die Erleuchtung Buddhas geschah nachts. Im Christentum sind besonders Weihnachten und die Osternacht als Nächte des Heils von grosser Bedeutung. Die Nacht bringt hier Offenheit gegenüber dem Göttlichen und für existentielle Wandlungsprozesse. In der Nacht geben die Menschen ihre Kontrolle auf, und das Unerwartete, Unplanbare kann geschehen.

Der Mond im Mythos

In den Mythen trägt der Mond seit Urzeiten sehr stark weibliche Züge, während die Sonne das männliche Prinzip darstellt. Der Mond gilt in vielen Erzählungen als Beschützer der Frauen und Gefahr für die Männer. Die Sonne regiert den Tag der Vernunft, der Mond die Nacht des Instinktes und der inneren Welt. Damit soll nicht gesagt sein, dass Frauen intuitiv und Männer vernünftig seien, denn dies wäre eine Wiederholung althergebrachter Spaltungen. Doch im Erleben vieler Völker wurde der Mond mit Fruchtbarkeit in Verbindung gesetzt und in engem Zusammenhang mit den Frauen gesehen. Sonnenreligionen hingegen entstanden später und unterstanden männlichen Priestern.

In vielen Mythen und Bräuchen gilt der Mond als Spender der Fruchtbarkeit, er befruchtet und lässt wachsen. Dies gilt sowohl für südliche Länder, in denen die Sonne oft als lebensfeindlich erlebt wird, da sie die wachsende Saat verbrennen kann, als auch für den Norden. Dort erstaunt dies eher, da im Winter die wachsende Kraft der Sonne herbeigesehnt wird. Doch selbst in Grönland wird Fruchtbarkeit mit dem Mond in Verbindung gesetzt. Bei manchen Urvölkern ist der Mond verantwortlich für die Schwangerschaft einer Frau. Bei der Entstehung der Kinder spielt der Mann hier kaum eine Rolle, da nicht vom Geschlechtsverkehr auf die

Schwangerschaft zurückgeschlossen wird. Beides scheint auch zeitlich kaum miteinander zu tun zu haben, weil die Schwangerschaft erst einige Zeit nach dem Zusammensein mit dem Mann offensichtlich wird. Dagegen fällt die Gleichzeitigkeit des Menstruationsrhythmus mit dem Rhythmus des Mondes auf, und die Urvölker stellen zwischen beidem einen Zusammenhang her. Deshalb hat die Frau eine »Mondnatur«. Das Wort für Menstruation ist auch in vielen Sprachen verwandt mit dem Wort Mond. Weil Frauen dem Mond besonders nahestehen und der Mond als Ursache und Beschützer allen Lebens gilt, haben die Frauen in diesen Kulturen auch die Aufgabe des Säens und Erntens.

In späteren Kulturen, deren Religionen differenzierter waren, lebte dieser Glaube an den Einfluss des Mondes auf Fruchtbarkeit und Geburt weiter, allerdings verschleiert. So gibt es in Süditalien heute noch Gegenden, in denen die Frauen eine Mondsichel tragen als Schutz während der Schwangerschaft; werden sie aber darauf angesprochen, sagen sie, es sei ein Zeichen der Jungfrau Maria.

Während der zunehmende Mond das Wachstum fördert, steht der abnehmende Mond für die Kräfte des Todes und der Vernichtung. Deshalb sollte beispielsweise nicht während dieser Zeit gesät werden. Alle Ackerbauunternehmen wurden so den Mondphasen angepasst: in der Phase des zunehmenden Mondes wurde gesät, beim abnehmenden Mond geerntet, Bäume gefällt und Schafe geschoren. Es war Aufgabe des Königs, die Mondphasen zu kennen und zu verkünden. Im kaiserlichen China verkündete bis zu diesem Jahrhundert ein Bote des Kaisers, wann Neumond war.

In vielen Kulturen, vor allem in West- und Kleinasien wurde der Mond verehrt als Mondgöttin, die auch Grosse Göttin oder Grosse Mutter genannt wurde. Der Kult der Göttin ist sehr alt, er besteht vermutlich schon seit der Urzeit. Meist herrschte sie zusammen mit ihrem Sohn, der zugleich auch ihr Liebhaber war. Ihr Name war Istar und Tammuz (Sumerer, seit 3000 v.Chr.), Astarte und Baal (Kanaaniter), Isis und

Osiris (Ägypten), Kybele und Attis (Griechenland), Anahita und Mithras (Persien) und Anu oder Annis (Kelten, Westeuropa). Auch Maria und ihr Sohn Jesus sind in dieser Tradition zu sehen; darauf weisen auch noch heute bekannte Darstellungen von Maria auf der Mondsichel hin. Die Mythen der Mondgöttin und ihres Sohnes weisen in allen diesen Kulturen grosse Ähnlichkeiten auf. So gilt die Göttin als Jungfrau, und sie gebärt auch ihren Sohn jungfräulich. Das bedeutet nicht, dass sie noch nie mit einem Mann zusammen war. Denn die Mondgöttin wird als fruchtbar geschildert, und viele Mythen erzählen von ihren Liebhabern. »Jungfrau« bedeutet aber, dass sie unverheiratet war, keinem Mann gehörte und auch keinem andern Gott zugeordnet war. Somit ist sie zwar die Göttin der geschlechtlichen Liebe, aber nicht die Göttin der Ehe. Ihre Lebensgeschichte ist unabhängig, ihre Insignien (Zeichen ihrer Macht) und Riten gehören ihr alleine. Alle diese Mythen erzählen - wenn auch auf unterschiedliche Weise –, dass die Söhne der Mondgöttin sterben und wiederauferstehen.
Die Mondgöttinnen galten auch als Hüterinnen des Wetters und der Gewässer. Sie wurden beschworen, Unwetter abzuhalten. Das sogenannte »Regenmachen« in Perioden der Trockenheit liegt dementsprechend bei vielen Völkern in den Händen der Frauen.
Wie die Nacht und der Mond hatte auch die Mondgöttin ein doppeltes Gesicht. Sie war sowohl gütig als auch grausam, sowohl hell als auch dunkel. Sie schenkte Visionen, brachte aber auch den Wahnsinn. Sie war Inbegriff der Fruchtbarkeit, brachte aber auch Tod und Verderben. Auch dieses doppelte Gesicht ist im Marienkult noch auffindbar in der Verehrung weisser und schwarzer Madonnen. Ihre dunkle, feindselige, eifersüchtige Seite zeigte die Göttin vor allem den Männern, während sie den Frauen gütige Beschützerin war.
Überall wurde der Mondgöttin durch Frauen, Priesterinnen gedient, jedoch nicht ausschliesslich. Die Priester waren al-

lerdings Eunuchen oder wurden in sonst einer Form als Frauen behandelt oder gekleidet. Die Priesterinnen verpflichteten sich für ihr Amt meist lebenslänglich und blieben unverheiratet wie ihre Göttin. Zum Teil waren sie auch Tempelprostituierte; dieses Amt wurde in den betreffenden Kulturen als unabdingbar wichtig angesehen zum Erhalt der Fruchtbarkeit des Landes. Das Heiligtum der Göttin war oft in einem Hain mit einer Quelle oder in einer Grotte. Zum Ritual der Mondgöttin gehörten auch Zeremonien des Wasserschöpfens.

So hatte die Mondgöttin mit ihrer fruchtbaren und furchtbaren Seite eine wichtige, lebensspendende und todbringende Position im Leben vieler Völker. Im Laufe der Jahrhunderte aber wurde sie verdrängt vom männlichen Sonnen- oder Vatergott. Der Verdrängungskampf war zäh und langwierig, aber erfolgreich. Vermutlich ging er einher mit ökonomischen Veränderungen; an die Stelle des gemeinsamen Besitzes trat der Besitz der einzelnen; aus agrarischen Kulturen wurden Handelsstädte. Auch das Erbrecht änderte sich, aus matrilinearen Abstammungen (die Familienstruktur orientiert sich an den Frauen) wurden patrilineare (die Abstammung wird durch die väterliche Linie bestimmt). Fruchtbarkeit war nicht mehr das zentrale Thema dieser Völker, sondern Eroberung, Krieg, Ausdehnung. Der kriegerische, ordnende, der Vernunft folgende Sonnengott trat zuerst an die Seite der Mondgöttin und verdrängte sie schliesslich vollständig.

Die Zeitrechnung

Die erste Zeitrechnung der Menschen orientierte sich am Mond. Mit seinem Zyklus bot er eine konstante Hilfe bei der Zeiteinteilung. Ein Jahr umfasste 354 Tage. Allerdings wurde meist konsequenterweise auch nicht in Tagen, sondern in Nächten gerechnet, und der neue Tag begann abends nach

Sonnenuntergang. Diese Zeitrechnung ist uns noch von den Kelten, von Babylon und von China bekannt. Und auch wenn sich mittlerweile überall der Sonnenkalender durchgesetzt hat, gilt trotzdem in verschiedenen Religionen noch der Mondkalender für religiöse Daten (bei den Juden, Moslems und Christen). So wird z.B. das Datum von Ostern jährlich nach dem Vollmond festgelegt. Im Judentum erstreckt sich ein Tag von Sonnenuntergang zu Sonnenuntergang, und auch in der liturgischen Zeitrechnung der katholischen Kirche beginnt der Tag am Abend des Vortages um 17 Uhr. Noch heute wird deshalb jeweils am Samstag um 17 Uhr der Sonntag eingeläutet.

Durch die Umstellung vom Mond- auf den Sonnenkalender entstand eine Differenz von zwölf Tagen, da das Sonnenjahr 366 Tage zählt. Diese uralten heiligen Tage und Nächte spielten häufig eine wichtige Rolle. Denn sie lagen ausserhalb der Zeit, und Aussergewöhnliches fand während dessen statt. Bei den Germanen lagen die »Rauhnächte« zwischen Weihnachten und dem 6. Januar. In dieser Zeit kommen die Verstorbenen ihre Familien besuchen. Die Welt der Geister und Dämonen bricht auf, Hexen, schwarze Männer, die wilde Jagd geht um. Es ist Spukzeit, die »andere« Welt steht offen, denn die Zeit steht still. Es ist aber auch eine Zeit des Segens und der Fruchtbarkeit, was sich in der Tradition des Christkindes oder des Weihnachtsmannes heute noch erhalten hat.

Im Laufe des Mondjahres gab es weitere wichtige Nächte. In ihnen wendete sich die Zeit, sie beendeten die alte und begründeten eine neue Zeit. Dies waren je nach Kultur die Mittwinternacht, die Mittsommernacht oder eine der beiden Tag- und Nachtgleichen (Äquinoktien). In der längsten Nacht, der Mittwinternacht, endet die dunkle Zeit, Leben und Tod begegnen sich. Es hiess, Tote kehrten dann ins Leben zurück. Die Germanen und die nordischen Völker füllten diese Zeit mit beinahe endzeitlichen Vorstellungen, die alte Ordnung zerbricht, eine neue wird errichtet. Es ist die Zeit

der Weissagungen und des Zaubers, aber auch die Zeit der Totengedenkfeiern und der Lichtfeste. Die Mittsommernacht als kürzeste Nacht des Jahres ist das Ende der lichtvollen Zeit, von nun an werden die dunklen Kräfte stärker. Auch diese Nacht und ihr Umfeld gilt als Zeit der Wunder, der Geister, Hexen und Zwerge. Die Tag- und Nachtgleichen fielen zusammen mit den jahreszeitlichen Wechseln und wurden als Frühlings- und Erntefeste gefeiert. Ganz allgemein wurden in diesen bedeutsamen Nächten die beiden Aspekte der früheren Göttinnen-Mythen wieder spürbar: der angstmachende, tödliche und der segensreiche, lebensspendende.
Dieses vom Mond geprägte zyklische Verhältnis zur Zeit lebt im Werden und Vergehen als steter Wiederkehr, jedes Ende wird zum Neubeginn. Diese zyklische Zeitvorstellung wird heute oft bewertet als Stehenbleiben im ewig Gleichen, als sich im Kreise drehen. Doch den eng mit der Natur verbundenen Kulturen bedeutete diese Wiederkehr Sicherheit und Überleben, aber auch ein Ausdruck der Zuverlässigkeit und Zeitlosigkeit des Göttlichen. Die lineare Zeitvorstellung geht davon aus, dass sich die Welt von ihrem Anfang bis zu ihrem Ende Schritt für Schritt weiterentwickelt. Stark spürbar wird diese Vorstellung im Christentum, das eine Linie von der Schöpfung über die Erlösung zum Jüngsten Gericht zieht. Die oben genannten Beispiele zeigen jedoch, dass auch das Christentum von alten zyklischen Vorstellungen durchdrungen ist und in seiner reinen linearen Form nur in den Lehrbüchern der Theologie besteht.

Die Bedeutung des Mondes heute

Die Verehrung des Mondes und der Mondgöttin ging einher mit der Verehrung der Natur, ihrer schöpferischen und fruchtbaren Kraft. Die Menschen waren eins mit den Naturgesetzen und mit der Weisheit der Intuition. Die Anbetung der Sonne ging Hand in Hand mit der Überwindung der Na-

tur, mit der Überzeugung, ihre chaotische Fülle müsse geordnet und in den Dienst der Menschen gestellt werden. Dies mündete schlussendlich in die Überzeugung, dass der Intellekt die hervorragendste Eigenschaft des Menschen ist und dass alles machbar und jedes Problem lösbar ist. Gott gilt als absolute Intelligenz (=Logos).
Dieser menschlich/männliche Intellekt hat nun heute eine Welt konstruiert, die auch ohne Sonne und Mond auskommt. In den städtischen Ballungsgebieten, in den Zentren der Macht bestimmt der Wechsel zwischen Tag und Nacht längst nicht mehr den Rhythmus von Arbeit und Ruhe. Arbeitszeit muss möglichst optimal nutzbar und gewinnbringend sein, der Tag-Nacht-Rhythmus wäre hierbei sehr störend. Daher sind Nacht- und Schichtarbeit für viele Menschen längst zum Normalfall geworden. Nur der Körper macht da manchmal nicht ganz mit...
Auch rein äusserlich verschwindet in den Städten der Unterschied zwischen Tag und Nacht. In Shopping-Centren spielen Licht- und Wetterverhältnisse kaum eine Rolle. Auch der Zyklus der Jahreszeiten drückt sich vor allem in der Kleidung der Menschen und im Wechsel von Osterhasen zu Weihnachtsmännern aus. Nachts wird es nie völlig dunkel, denn eine Stadt schläft nicht. Wer noch klare Sternennächte und das weiche Licht des Vollmonds erleben will, muss sich in Berggebiete oder weit aufs Land hinaus zurückziehen.
Der Zyklus zwischen Tag und Nacht und erst recht der Zyklus des sich wandelnden Mondes gehen in unserem Erfahrungsraum verloren. Dasselbe gilt für den mondähnlichen Zyklus der Frauen. Dieses Verschwinden des Mondes als Realität und als Symbol könnte nun als Nebensache behandelt werden. Doch letztlich weist es auf eine tiefgreifende Zerstörung hin. Das Wissen um technische Machbarkeit tritt an die Stelle des Wissens, dass wir auf den Zyklus der Natur verwiesen sind. Die Abhängigkeit vom linearen Wachstum der Wirtschaft hat längst viel mehr Gewicht als die Abhängigkeit von Sommer und Winter, von Regen und Trockenheit. Die

städtischen Wirtschaftszentren haben die Natur und ihren Wandel hinter sich gelassen und eine Kunstwelt geschaffen, die zyklische Veränderungen ausschliesst.
Mit dem Mond ging auch der Respekt vor dem Dunklen, Unkontrollierbaren, Intuitiven verloren, die Hochachtung für Fruchtbarkeit und die Kraft der Frauen. Es blieb die Macht der Sonne, der Vernunft, der Zahlen, der Berechenbarkeit. Nun brachte die Entwicklung von Vernunft und Technik viel Wichtiges und Unverzichtbares mit sich. Durch seine totalitäre Ausschliesslichkeit führte es aber in seiner radikalen Verneinung aller Abhängigkeit von der Natur, in seinem ausbeuterischen Umgang mit ihr und in seiner Negierung aller sogenannt weiblichen Werte in die Selbstzerstörung. Die von der Vernunft aufgebaute Wirtschaftsmaschinerie entwickelt sich zusehends zu einem scheinbar unkontrollierbaren Mechanismus endgültiger Vernichtung.
Der Mond ist damit heute stark zu einem Negativ-Symbol geworden: Zu einem Symbol verlorener Werte, Geschichten, Erfahrungen, verlorener innerer und äusserer Verbundenheit mit dem, was uns umgibt und von dem wir ein Teil sind. So gesehen kann der Mond heute zu einem Symbol des Widerstandes gegen den einseitig männlichen Rationalismus werden. Er kann uns alte Wahrheiten neu entdecken lassen. Gleichzeitig führt der Mond unweigerlich zur Suche nach Ganzheit. Denn gäbe es die Sonne mit ihrer Energie und Leuchtkraft nicht, würde uns auch kein Mond leuchten.

Literatur:
Ernst Thomas Reimbold, Die Nacht im Mythos, Kultus und Volksglauben, Köln (Wison) 1970.
Esther Harding, Frauen-Mysterien einst und jetzt, Wendelstein (Rascher) 1949.

Die Menstruation

Wie schön sind deine Schritte in den Sandalen,
du Edelgeborene.
Deiner Hüften Rund ist wie Geschmeide,
gefertigt von Künstlerhand.
Dein Schoss ist ein rundes Becken,
Würzwein mangle ihm nicht.
Dein Leib ist ein Weizenhügel,
von Lilien umstellt.

aus dem Hohelied (7,2f)

Die Menstruation der Frau ist mehr als eine biologische Begebenheit, sie hat einen ausgesprochen symbolischen Charakter. Sie ist das körperliche Erleben des zyklischen Grundmusters, das allem Leben eigen ist. Sie ermöglicht der Menschheit, den Kreislauf des Kosmos zu erspüren und mit ihm in Einklang zu leben.

Zum Fluch erklärt

In Dornröschen, dem bekannten Märchen der Gebrüder Grimm, wünschten sich ein König und eine Königin sehnlichst ein Kind. Eines Tages erfuhr die Königin von einem Frosch, dass sie, ehe ein Jahr vergehe, eine Tochter auf die Welt bringen werde. Und das geschah auch. In seiner übergrossen Freude veranstaltete der König ein Fest. Neben den Verwandten und Bekannten lud er auch die weisen Frauen des Landes ein, damit sie der jungen Prinzessin ihre guten Wünsche mitgeben würden. Nun gab es aber nur zwölf goldene Teller, aus denen sie essen sollten, obwohl sie ihrer dreizehn waren. So musste eine von ihnen zu Hause bleiben. Wie das Fest zu Ende war, sprachen die weisen Frauen ihre guten Wünsche für das Kind aus: Tugend, Schönheit, Reichtum und vieles mehr. Als die elfte ihren Wunsch ausgesprochen hatte, trat ohne ein Wort des Grusses die dreizehnte in den Saal, die nicht eingeladen worden war. Mit lauter Stimme rief sie: »Wenn die Königstochter 15 Jahre alt ist, soll sie sich an einer Spindel stechen und tot umfallen.« Ohne ein weiteres Wort zu reden, verliess sie den Saal so schnell, wie sie ihn betreten hatte. Der König, die Königin und alle Gäste waren noch starr vor Schreck, als die zwölfte der weisen Frauen, die ihren Wunsch noch nicht ausgesprochen hatte, sich zu Wort meldete. Den Fluch der dreizehnten Frau könne sie zwar nicht aufheben, aber sie wolle dem Kind einen Wunsch mitgeben, damit er nicht gar so schlimm sei.

Die Königstochter soll nicht sterben, sondern in einen hundertjährigen, tiefen Schlaf fallen.
Der König setzte alles daran, dass der Wunsch der dreizehnten weisen Frau nicht in Erfüllung gehen sollte. Und er befahl, dass sämtliche Spindeln im ganzen Land verbrannt werden.
Dornröschen wird, wie wir wissen, trotz aller Vorkehrungen des Vaters im Alter von fünfzehn Jahren bluten. Und diese Erfahrung ist für das Mädchen ein derart überwältigendes Erlebnis, dass es in jenen tiefen Schlaf fällt, der ihm die zwölfte der weisen Frauen prophezeit hat. Interessantes Detail an der Geschichte ist, dass die dreizehnte Frau den Fluch ausspricht. Dreizehn ist die Zahl der Mondmonate eines Jahres. Wie im vorhergehenden Kapitel dargestellt, wird seit Menschengedenken das Zeitmass des Mondes mit der monatlichen Blutung der Frau in Verbindung gebracht. Die Zahlensymbolik des Märchens ist ein Schlüssel zur Erkenntnis, dass Dornröschens Blut mit ihrer ersten Menstruation in Verbindung steht. Die Menstruation – ein Fluch? Ein Geschehen, das gar nicht sein dürfte?
Bereits im Alten Testament gilt eine menstruierende Frau als unrein. Alles, was sie berührt und worauf sie sitzt, wird befleckt, sieben Tage lang. Insbesondere ist in dieser Zeit jeder Geschlechtsverkehr verboten, weil sich ihre Unreinheit sonst auch auf den Mann überträgt (Lev 15,19–24). Wenn eine Frau ihre Regel hatte, musste sie gemieden werden. Und sie selber hatte sich aus der Öffentlichkeit zurückzuziehen. Menstruationstabus dieser Art gibt es seit vielen Jahrhunderten und bei zahlreichen Völkern. Der Römer Plinius verankerte im 1. Jahrhundert n. Chr. die Lehre von der Unreinheit und Giftigkeit des Menstrualblutes in einer »Naturgeschichte«. Seiner Überzeugung nach bringt die Berührung und bereits auch der Blick einer menstruierenden Frau den Wein zum Versauern. Früchte verdorren und Waffen werden stumpf. Männer, die mit einer menstruierenden Frau schlafen, begeben sich in die Gefahr, krank zu werden.

Im Mittelalter fand die Ueberzeugung von der Giftigkeit des Frauenblutes ihren traurigen Höhepunkt in den Hexenprozessen. Hunderttausenden von Frauen wurde nachgesagt, dass sie durch ihren giftigen Blick Unheil anrichten, von dem die Menschheit befreit werden müsse. Sie wurden grausam gefoltert und umgebracht. Menstruierende Frauen durften keine Keller betreten, melken, Nahrungsmittel einmachen, weil Menstrualblut gewisse Speisen verderben würde.

Der Aufklärer Jean Jacques Rousseau glaubte im Phänomen der Menstruation einen Zivilisationsschaden zu erkennen, bedingt durch übermässiges Essen, Bewegungsmangel und der Eingeschränktheit des Geschlechtsverkehrs. Seine Auffassung beeinflusste auch medizinische Schriften. Noch 1981 findet sich in der »Naturwissenschaftlichen Rundschau« ein Bericht, der an Rousseaus Meinung anknüpft: Während in natürlich lebenden Gesellschaften die Frauen entweder schwanger seien oder ein Kind stillten, befänden sich Frauen in unserer Gesellschaft in einem unnatürlichen Zustand häufiger Menstrualblutungen. Weil dies den weiblichen Organismus gefährde, wird die Verabreichung von Hormonen empfohlen, um die Menstruation zu unterdrükken. Seit der Renaissance findet der Mythos von der Gefährlichkeit der Menstruation pseudowissenschaftliche Rechtfertigungen. 1920 meinte ein Wiener Professor, das Menstrualgift Menotoxin entdeckt zu haben, das auf Blumen und Pflanzen eine schädigende Wirkung habe. Weitere Studien zur Erforschung dieses giftigen Stoffes schlossen sich an. Erst in den 50er Jahren setzte sich die Einsicht durch, dass die Existenz eines spezifischen Menstrualgiftes ausgeschlossen werden muss.

Menstruationstabus – Selbstschutz der Frauen oder Strafe durch die Männer?

Menstruationstabus sind Verhaltensvorschriften und Verbote, die für eine menstruierende Frau innerhalb ihrer Gesellschaft gelten. Je mehr Bedeutung der Menstruation innerhalb einer Kultur zukommt, umso stärker sind Menstruationstabus ritualisiert. Viele indianische Völker kennen die Menstruationshütte, ein Gebäude ausserhalb der Siedlung, in dem sich die Frauen während der Zeit ihrer Blutung aufhalten, um nicht mit anderen Menschen in Berührung zu kommen. Räumliche Isolation kann aber auch einfach durch die Vorschrift erfolgen, dass eine menstruierende Frau das eigene Haus nicht verlassen darf. Verbote betreffen sehr oft die Tätigkeiten der Frau. Unter das Tabu können Feldarbeiten, waschen, kochen und Kontakt mit Nahrungsmitteln, Tieren und Pflanzen fallen. Weiter die Kinderbetreuung, der Kontakt mit anderen Personen, aber auch mit Gegenständen. In besonderem Mass ist der Geschlechtsverkehr durch ein Tabu belegt. Auch Hygiene- und Fastenvorschriften können in Zusammenhang mit der Menstruation Brauch sein. Verboten ist häufig auch jede religiöse Betätigung, die erst nach der rituellen Beseitigung der kultischen Unreinheit wieder aufgenommen werden kann.
In Westeuropa sind Menstruationstabus kaum ritualisiert. Dennoch wird im Volksglauben zum Teil noch überliefert, was eine menstruierende Frau nicht berühren darf oder nicht tun soll. Besonders der Verzicht auf Geschlechtsverkehr dürfte sehr verbreitet sein.
Die Frage, ob Menstruationstabus dem Ausschluss der Frauen aus der Gesellschaft oder dem Schutz der Frauen dienen, kann nicht generell beantwortet werden. Hintergründe für Menstruationstabus sind kulturell bedingt. Möglich, dass einzelne Praktiken wie die Absonderung der menstruierenden Frauen in einer Menstruationshütte ursprünglich als Freiraum für die Frauen galt. Es ist wahrscheinlich,

dass im Wissen um die Heiligkeit des weiblichen Blutes Raum für spirituelle Erkenntnis lag. Ohne Ablenkung durch die Erfordernisse des Alltags konnten die Frauen die Kraft dieser Tage sammeln, sich ihren Träumen widmen und die Gemeinschaft mit anderen Frauen pflegen. Das Sexualtabu könnte ebenfalls als Selbstschutz interpretiert werden, weil Frauen damit nicht jederzeit verfügbar sind.

In den meisten Gesellschaften gilt Menstruationsblut als unrein. Hinter dieser Überzeugung verbirgt sich ein Geschlechterkampf, in dessen Folge soziale Verhaltensweisen und somit auch Tabus durch die Männer dominiert und zu ihren Gunsten gestaltet werden. In einer patriarchalen Gesellschaft sind sie willkommen als Legitimation wie als Instrument zur Diskriminierung von Frauen. Indem der Glaube an die Unreinheit des Menstruationsblutes postuliert oder aufrechterhalten wird, erscheinen gesellschaftlich verordnete Massnahmen als naturbedingt und werden so zu unabänderlichen Gegebenheiten. Offensichtlich haben Männer Angst vor dem Blut der Frauen. Und es gibt eine Vielzahl psychologischer und soziologischer Untersuchungen über die Ursachen und Hintergründe dieser Angst. Letztlich lassen sich alle auf die Angst vor der weiblichen Macht zurückführen. Die Stärke der Frauen kraft ihrer Menstruation darf nicht dazu führen, dass Frauen gegenüber den Männern zu dominant werden. Menstruationstabus tragen wirkungsvoll dazu bei, dass die Vorherrschaft der Männer in der Öffentlichkeit erhalten bleibt.

Es lässt sich keine Trennlinie vornehmen: hier von Männern geschaffenes, patriarchal geprägtes Tabu, dort am Bedürfnis der Frauen orientierte Schutzmassnahme. Selbst in patriarchalen Gesellschaften ermöglichen Menstruationstabus die oben erwähnte Schutzfunktion. Frauen machen manchmal das beste aus gesellschaftlich verordneter Isolation, indem sie diese als Freiraum innerhalb einer patriarchalen Gesellschaft nutzen. Es wäre jedoch zynisch, solche Überlebensstrategien als positive Folge der Unterdrückung zu werten und damit den Ausschluss der Frauen zu rechtfertigen. Genauso zynisch, wie wenn wir die ungleiche Verteilung des Reichtums auf der Welt damit rechtfertigen würden, dass die Armen zufriedener leben als die Reichen.

Menstruation in der industriellen Gesellschaft

Viele Ethnologinnen und Ethnologen ziehen über die Menstruationstabus als Instrument zur Unterdrückung der Frauen her. Verbunden mit ihrer Kritik ist allzuoft eine massive Abwertung anderer Kulturen. Ritualisierte Tabus zeugen immerhin von einem Vorgang, der in einer Gesellschaft bewusst zur Kenntnis genommen wird. Dass es in unserer Kultur keine Riten rund um die Menstruation gibt, bedeutet keineswegs, dass die Blutung der Frau kein Tabu wäre.
In unseren Breiten graden ist die Menstruation der Frauen unsichtbar und hat unsichtbar zu bleiben. Die Werbung für Hygieneartikel bringt deutlich zum Ausdruck, was in Zusammenhang mit der Menstruation gefragt ist. Geruchlos und so, dass man nichts sieht, soll die Frau ihre Tage verbringen. Der Tampon machts möglich. Junge Frauen, die trotz ihrer Menstruation Sport treiben, lächeln uns von Plakatwänden entgegen. Sie fühlen sich »sicher«. Wer könnte da schon denken, dass irgend etwas anders sei!
Frauen müssen in jeder Phase ihres Zyklus funktionieren. Die Struktur der Arbeitswelt lässt nicht zu, dass Frauen ihr Leben entsprechend ihrem Zyklus gestalten. Der Rhythmus unseres Erwerbslebens und Zusammenlebens ist von Männern geprägt, zielorientiert und linear. Zyklisches Leben und Erleben einer Frau hat sich diesem Ordnungsprinzip zu fügen. Würden Frauen die Berücksichtigung ihrer Menstruation einfordern, wäre dies Beweis dafür, dass sie eben nicht gleich leistungsfähig, nicht gleich konkurrenzfähig sind wie die Männer. Frauen haben zu tun, als ob nichts wäre und ihre Bedürfnisse zu ignorieren. Das ganze nennt sich »natürlicher

Umgang« mit der Menstruation. Was in diesem Fall natürlich ist, orientiert sich an männlichen Vorstellungen.
Die gesellschaftliche Verdrängung der Menstruation bleibt für das individuelle Erleben der einzelnen Frau nicht ohne Folgen. Schätzungen gehen davon aus, dass die Mehrheit der Frauen an psychischen und körperlichen Symptomen vor oder während der Menstruation leiden. Inwiefern solche Beschwerden mit dem gesellschaftlichen Umgang mit der Menstruation zusammenhängen, darüber gehen die Meinungen auseinander. Die Verachtung oder Nichtbeachtung des weiblichen Blutes wirkt sich unweigerlich auf die Selbstwahrnehmung der Frauen aus. Aus einer WHO-Studie geht hervor, dass 80% aller jungen Amerikanerinnen zwischen 18 und 23 Jahren ihre Menstruation am liebsten ausschalten möchten. Dass eine negative Einstellung gegenüber der eigenen Blutung den Umgang mit ihr erschwert, liegt auf der Hand. Wer jeden Monat erlebt, wie sich am eigenen Körper ein verabscheuenswerter körperlicher Vorgang abspielt, wird diesen als leidvoll erleben. Schätzungen gehen davon aus, dass die Mehrheit der Frauen in Industrieländern an psychischen und körperlichen Symptomen vor oder während der Menstruation leiden. Inwiefern solche Beschwerden durch den gesellschaftlichen Umgang mit der Menstruation zusammenhängen, darüber gehen die Meinungen auseinander. Was während der Menstruation viele Frauen spüren, sind wehenähnliche Kontraktionen der Gebärmutter, welche die blutige Schleimhaut ausstösst. Diese können kaum spürbar sein oder aber als schmerzhaft empfunden werden. Inwiefern ein verändertes Körperempfinden als Leiden erlebt wird, hängt auch davon ab, inwiefern es erlaubt und »normal« ist, sich nicht immer gut zu fühlen. Der obengenannten WHO-Studie ist zu entnehmen, dass Frauen anderer Kulturen weit weniger an menstruellen und prämenstruellen Beschwerden leiden. Wem während der Zeit der Regel eine veränderte Befindlichkeit zugestanden wird und wer sich diese auch selber zugesteht, wird besser damit um-

gehen können. Wenn jedoch die ganze Welt den Eindruck vermittelt, dass jede körperliche Veränderung abnormal ist, dann erlangt die Menstruation den Charakter einer Krankheit, auch in der Selbstwahrnehmung der Frauen. Die Verdrängung des weiblichen Zyklus lässt Frauen leiden, an Leib und Seele, und oft in grosser Einsamkeit.

Schritt in der menschlichen Evolution

Es gibt kein menstruierendes Säugetier, die Primaten eingeschlossen. Zur Zeit des Eisprungs verlieren sie wohl Genitalblut als Paarungssignal. Diese Zeit der Brunst ist die einzige Zeitspanne, in der sexuelle Aktivität möglich ist.
Im Gegensatz dazu ist die Menstrualblutung kein Paarungssignal. Die Menschen sind in der Lage, jederzeit und unabhängig von abrupten Hormonschüben Sexualität zu erleben. Die Menstruation ist Ausdruck dessen, dass menschliche Sexualität nicht allein der Fortpflanzung dient, sondern auch der Erfahrung von Lust und Zärtlichkeit. Sexualität verweist auf Beziehung und sucht einen gesellschaftlichen Rahmen. Menschheitsgeschichtlich ermöglichte die Freiheit und Wahl der sexuellen Aktivität die Herausbildung grösserer und stabilerer Sozialstrukturen, die bewusst gestaltet werden können.

Eine machtvolle Zeit

Die lateinische Wortwurzel Mens oder griechisch Menos bedeuten soviel wie Mass. Der Zyklus der Gebärmutter und der Zyklus des Mondes wurden immer wieder miteinander in Beziehung gebracht. Der Mond ist das älteste Zeitmass der Menschheit und die Menstruation der Frau die körperliche Erfahrung, durch welche die Menschen mit der Uhr des Kosmos in Verbindung stehen. In Kulturen, welche die Einbin-

dung der Menschheit in den Kosmos bewusst wahrnehmen und daran ihr Leben orientieren, hat oder hatte der menstruelle Rhythmus eine wichtige gesellschaftliche Bedeutung. Die Menarche, die erste Blutung eines Mädchens, wird mit einem Ritus begangen. Die Wertschätzung der Menstruation und ihre Anerkennung als besondere Zeit, deren Erfahrung das Privileg der Frauen ist, kommt darin zum Ausdruck. Zahlreiche Mythen illustrieren, dass es Zeiten gab, in denen diese Nähe der Frau zur Schöpfung als besondere Macht galt und die Frauen selber um die Heiligkeit ihres monatlichen Blutes wussten. Frauen erlebten die Zeit der Menstruation als eine Zeit besonders intensiver Träume und seherischer Begabung. Das Orakel von Delphi wurde monatlich verkündet.
In einigen Kulturen wird in Imitationsriten das Blutvergiessen der Frau von Männern nachgeahmt, um sich die kraftvolle Verbundenheit mit dem Göttlichen anzueignen. Hat es mit der Geringachtung der Frau und ihres Blutes zu tun, dass in unseren aufgeklärten und vernunftorientierten Gesellschaften Blutvergiessen in Form von Krieg und Gewalt von Männern inszeniert werden muss?
Innerhalb der heutigen, westlichen Kultur ist der menstruelle Rhythmus völlig verlorengegangen. Menstruation ist eine zu verheimlichende Privatsache der Frauen. Es ist bezeichnend, dass in Untersuchungen über die Menstruation nicht die positiven Erfahrungen der Frauen interessieren, sondern körperliche Beschwerden. Die monatliche Regel wird wie eine Krankheit behandelt. Sogar wir Frauen glauben oft daran und haben den Stolz auf die dadurch möglichen Erfahrungen vergessen und verloren. Als Mädchen haben wir nie gelernt, die Kraft unseres Zyklus zu erspüren und daraus zu schöpfen, weil unsere ganze Umgebung die Menstruation mehr oder weniger als ein notwendiges Übel betrachtete.
Für die Frau ist die Menstruation jene Zeit, in der die ihr zur Verfügung stehenden Energien nicht auf die Weitergabe von Leben ausgerichtet sind, sondern für ihre eigene Mensch-

werdung zur Verfügung stehen. Trotz der gesellschaftlichen Tabuisierung menstrueller Kraft ist die Zeit der monatlichen Blutung eine Zeit besonders sensibler Wahrnehmung. Sexualität kann ausgesprochen erfüllend sein. Während der Körper nicht so funktioniert wie an anderen Tagen, sind besonders intensive geistige und spirituelle Erfahrungen möglich. Viele Frauen erleben einen Höhepunkt an Intuitionskraft und Kreativität. Es ist wichtig, dass wir Frauen das Bewusstsein um diese Kraft wieder entwickeln, dass wir die positiven Erfahrungen der Menstruation wahrnehmen und bewusst erleben. So können wir die verschüttete und zerstörte Kraft unseres Zyklus zurückgewinnen, zunächst für uns persönlich. Eine positive Einstellung zum eigenen Zyklus ist aber auch die Voraussetzung dafür, dass Frauen Forderungen an unsere linear geprägte Lebensweise stellen, damit der weibliche Zyklus Raum einnehmen und unser Zusammenleben auf eine ganzheitlichere Lebensweise hin prägen kann.

Literatur:

Bruno Bettelheim, Kinder brauchen Märchen, München (dtv) 1986.
Judith Schlehe, Das Blut der fremden Frauen. Menstruation in der anderen und in der eigenen Kultur, Frankfurt/New York (Campus) 1987.
Shuttle Penelope/Redgrove Peter, Die weise Wunde Menstruation, Frankfurt (Fischer) 1982.
Jutta Voss, Das Schwarzmondtabu. Die kulturelle Bedeutung des weiblichen Zyklus, Stuttgart (Kreuz) 1988.

Exkurs: Phallus-Symbole

Aggression und Macht

Phallus-Kulte gibt es seit der Urzeit, und Spuren sind praktisch überall auf der Erde zu finden. Oft hingen diese Kulte zusammen mit Stierkulten und Fruchtbarkeitsritualen. Interessanterweise steht der Phalluskult sozusagen immer in Verbindung mit dem Sonnenkult. Wie wir oben schon gesehen haben, ist der Sonnenkult stark männlich geprägt. Es ist deshalb durchaus logisch, dass auch die Fruchtbarkeitsrituale und die Verehrung der sexuellen Kraft an das männliche Sexualorgan übergingen.

Phallus-Symbole wurden jedoch nicht nur zum Ausdruck der männlichen (= menschlichen!) Fruchtbarkeit, sondern erhielten auch einen sehr aggressiven Zug. Bereits auf Höhlenzeichnungen ist der erigierte Penis in Kombination mit Speer, Dolch und Axt zu finden. Diese Verbindung zwischen Erektion und Aggression zieht sich durch die ganze Geschichte der Phallus-Symbole. Ein weiteres Beispiel für diese Verbindung sind die Ritterrüstungen des 16. Jahrhunderts. Der Penis wurde bei den Rüstungen sehr gross und auffallend mit dem sogenannten »viseldeck« (visel = Penis) zur Schau gestellt. In dieser Form wirkte der Penis im Kampf mit dem Gegner als Machtdemonstration, als Droh- und Warnsignal. Auf derselben Linie liegt die »Tradition« der Massenvergewaltigungen, die einem militärischen Sieg und der anschliessenden Eroberung fast zwangsläufig folgten. Phallus-Macht ist meist eng verbunden mit dem Willen zu unterwerfen und zu demütigen.

Oft ist das Phallus-Symbol auch gepaart mit den Themen Macht und Erfolg. Im antiken Griechenland beispielsweise war es Brauch, zu Ehren eines bedeutenden Mannes nach seinem Tod eine Herme aufzustellen. Die Herme war eine phallusförmige Männergestalt ohne Arme, mit grossem, eri-

giertem Penis. In der Herme wurde die Männlichkeit und Potenz des Verstorbenen geehrt.
Die zahlreichsten Denkmäler des Phallus-Kultes finden sich in Ägypten. Hier wurde der Phallus in Tempeln aufgestellt, als Amulett aus Porzellan getragen und Toten ins Grab mitgegeben. Der Sonnengott Horus trägt auf einigen Darstellungen einen Phallus in der Hand. Aber auch im christlichen Europa tauchte der Phallus immer wieder auf: an öffentlichen Gebäuden und sogar an Kirchen diente er der Abwehr von Zauber. In Frankreich waren Phalluskulte bis in 17. Jahrhundert, in Italien teilweise sogar bis ins 19. Jahrhundert zu finden. Der Phallus erfuhr jedoch auch Stilisierungen zu Obelisken, Minaretten und Kirchtürmen, deren ursprüngliche Bedeutung den Baumeistern jedoch meist nicht mehr bewusst war. Die politischen Funktionen und Bedeutungen von Phallus-Symbolen lassen sich anhand der ägyptischen Obelisken besonders gut aufzeigen.

Die ägyptischen Obelisken

Im gesamten östlichen Mittelmeerraum wurde die Mondgöttin durch kegelartige Steine verehrt. Oft hatten die Steine oben eine Mulde, die von den Griechen »Abdruck der Aphrodite« genannt wurde und vermutlich eine Darstellung der weiblichen Geschlechtsmerkmale war. Manche Steine hatten auch die Form einer Gebärmutter. Rund um diese Heiligtümer finden wir Mythen und Rituale der Erotik und Fruchtbarkeit.
Mit dem Erstarken des Sonnenkultes wurden diese Steine zu Heiligtümern des Sonnengottes. Sie erhielten eine phallische Form oder wurden durch phallusförmige Steine ersetzt. In Ägypten wurden sie in die Länge gezogen bis zur Form der heute noch bekannten Obelisken. Ein Pharao lobte seinen Obelisken mit den Worten: »Er bohrt mit seiner Spitze in den Himmel hinein, um sich mit den Wolken zu vereinigen.«

Die Blütezeit der Obelisken fällt zusammen mit der Zeit, als Ägypten eine wirtschaftliche und politische Grossmacht war. Die Pharaonen liessen sich Obelisken erstellen als politische Denkmäler zu ihrer persönlichen Machtdemonstration. Oft wurden auf ihnen auch bedeutende militärische Erfolge gerühmt. Die Obelisken waren damit manifestierte Macht in Stein.

Die Päpste der Renaissance- und Barockzeit entdeckten die Obelisken wieder und erwärmten sich offensichtlich für ihren Ausdruck der Potenz und Macht. Sie liessen mehrere Obelisken von Ägypten nach Rom überführen und auf bedeutenden Plätzen aufstellen. Der wohl bekannteste römische Obelisk steht seit 1586 auf dem Petersplatz. In seiner eleganten phallischen Form bildet er dort auf der Mitte des Platzes das Zentrum der Christenheit, auf seiner Spitze das Kreuz, an seiner Seite die Inschrift: »Christus siegt. Christus regiert. Christus befiehlt. Möge Christus sein Volk vor dem Übel schützen.«

Im Laufe des 19. Jahrhunderts wurden auch Obelisken von Ägypten nach Paris und London überführt. Am bekanntesten ist wohl der Obelisk auf der Place de la Concorde. Vor der Revolution hiess der Platz »Place Louis XV«; 1792 wurde er in »Place de la Revolution« umbenannt. Hier wurde die Guillotine aufgestellt und Ludwig XVI. enthauptet – ein geschichtsträchtiger und blutiger Platz also. Damit steht der Obelisk auf einer geraden Linie zwischen dem Palast von Ludwigs XV., dem Louvre, und dem Arc de Triomphe, den Napoleon zu Ehren der französischen Armeen errichten liess. Die Machtlinie Louvre – Obelisk – Arc de Triomphe wurde in neuester Zeit weitergezogen zum neugeschaffenen Zentrum internationaler Wirtschaftsmacht, zur La Défense.

Der grösste Obelisk – 169 Meter, allerdings nicht antiken Ursprungs und auch nicht wie die echten Obelisken aus einem Stück gefertigt – steht in Washington. Er bildet den Kreuzungspunkt zwischen Capitol und Weissem Haus und bildet damit das symbolische Zentrum der Macht der Vereinigten

Staaten. Während einiger Jahre war das Washington-Memorial, wie der Obelisk heisst, das höchste Gebäude der Welt, bis er vom Eiffelturm überholt wurde. Doch auch so prägt er das Bild der Stadt heute noch, da kein Gebäude Washingtons höher als ein Drittel des Obelisken sein darf.
Am Beispiel der Obelisken lässt sich gut zeigen, wie sich weltliche Macht seit Jahrhunderten um das Phallus-Symbol anordnet. Alles richtet sich auf den Phallus hin, alles geht vom Phallus aus. Der Phallus bildet das Zentrum der Macht.

Das Phallus-Symbol im Alltag

Man könnte nun meinen, das Phallus-Symbol sei vorwiegend Sache der grossen Staatsmänner vergangener Zeiten. Doch dem ist nicht so. Oder anders gesagt: In jeden neugeborenen Knaben pflanzt unsere westliche Kultur das Ideal des mächtigen Mannes. Dementsprechend präsent ist auch das Phallus-Symbol im männlichen Alltag. Es begegnet uns in Form der Krawatte, der dicken Zigarre oder auch als Wolkenkratzer (man beachte beispielsweise die Form des Empire State Building...) – meist jedenfalls dort, wo es um Prestige, ums Geschäft und damit letztlich um Macht geht.
Neue Studien zeigen auf, wie kleine Jungen in dieses Rennen um Macht hinein gezwungen werden. Als Kinder wählen sie nicht, stark und überlegen zu sein, sondern sie müssen es sein. Jeder Junge erlebt einmal, dass er schwach, hilflos, ängstlich ist oder dass er versagt. Dafür wird er geächtet oder ausgelacht; sein Selbstwertgefühl ist tief verletzt, und er schwört sich – meist unbewusst –, dass ihm das nie wieder geschieht. Er wird überlegen, stark, erfolgreich und lernt, alles zu meiden, was ihn an seine Schwäche und Hilflosigkeit erinnern könnte. Zu seinem Schutz baut er den Mythos Männlichkeit auf. Er sucht Erfolg, Überlegenheit, Macht. Macht bedeutet immer »Macht, zu tun« oder »Macht über« und damit letztlich »Macht, zu zwingen«. Damit ist

männliches Machtstreben eng verbunden mit Aggression. Diese männliche Mentalität ist in erster Linie eine Kriegermentalität. Männer werden sozialisiert zu Spezialisten der Gewalt, gemäss Sam Keen dem Wahlspruch folgend: »Ich siege, also bin ich.« Auch uns liegt noch der Spruch unserer Väter zu ihren Söhnen im Ohr: »Die Armee wird nun einen Mann aus dir machen!« Jeder Mann lernt von klein auf, dass er kämpfen muss, um als Mann zu gelten.

Dieser Kampf um Männlichkeit und Macht ist also mit Aggression verbunden, und das wird besonders spürbar im Bereich der Sexualität. Schon immer waren Sexualität und Gewalt (Sex and Crime) eng verbunden. Der Penis ist die Waffe des Mannes, sein primäres, unmittelbares Machtmittel. Filme, erotische Romane und Zeitschriften flüstern uns ein, ein echter Mann laufe stets mit stahlhartem Penis durch die Strassen und erobere Frau um Frau. Diese Überlegenheit im sexuellen Bereich ist dabei nur Bestätigung seiner Meisterschaft auf andern Gebieten der Macht. Er ist ein Macher, ein Sieger, unverletzbar und unzerstörbar.

Die Kehrseite der Phallus-Macht sind Einsamkeit, tiefe Depressionen und nagende Selbstzweifel. Immer mehr Männer spüren, dass sie von den Quellen des Lebens in seiner Buntheit, Wärme und Leichtigkeit abgeschnitten sind. Unter grossen Behinderungen wagen sie den Bruch mit dem alles überragenden Phallus.

Noch sind jedoch Phallus-Symbole prägende Elemente unserer Innen- und Aussenwelt. Als Wolkenkratzer verstellen sie uns mit ihrer wirtschaftlichen Potenz den Blick in den Himmel. Als Obelisken besetzen sie das Zentrum unseres Lebensraumes. Als Krawatten strukturieren sie die Welt in oben und unten. Noch gilt es, neue, lebensfreundliche Machtsymbole zu entwickeln.

Literatur:
Ernst Batta, Obelisken. Ägyptische Obelisken und ihre Geschichte in Rom, Frankfurt (Insel) 1986.
Sam Keen, Feuer im Bauch. Über das Mann-Sein, Hamburg (Kabel) 1992.
Rosalind Miles, The Rites Of Man. Love, Sex and Death In The Making Of The Male, London (Grafton Books) 1991.
J.A.Dulaure, Die Zeugung in Glauben, Sitten und Bräuchen der Völker, Leipzig (Deutsche Verlagsaktiengesellschaft) 1909.

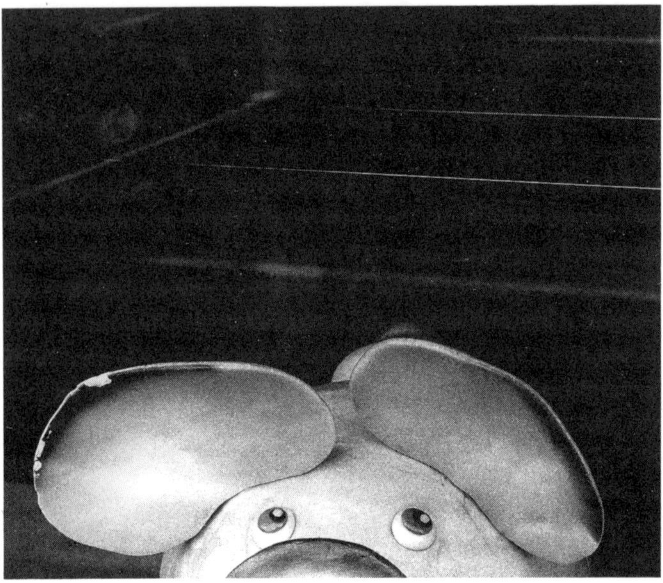

Schlange und Schwein

Eva, Frau in der Frühe der Zeit,
so schön und so gut bist du, dass Adam dich
anschaut und liebt, du freust dich unbefangen
an deiner und seiner Liebe, Geschenke von Gott,
und die Schlange, Heilkraft der Göttin
verkörpernd, wohnt neben eurem Lager

Eva, Mutter aller Lebendigen,
ich sehe dich nicht mehr mit den Augen
verwundeter Männer, mit Augen, geblendet
von Machtsucht und Stolz
Eva, ich bin deine Tochter und Schwester,
begabt mit Brüsten und Schoss, beschenkt mit
Seele und Geist, durchströmt von Staunen und Hoffen,
verschwistert mit allem, was lebt

Eva, du hast nicht den Tod zu den Menschen
gebracht, Mutter aller Lebendigen,
nicht die Schuld vererbst du an uns, du
schenkst die Kraft und Bereitschaft weiter,
ganz für das Leben zu sein

Eva, ich spreche dich frei,
ich weise den Rufmord zurück, der Ehre und
Freiheit dir abschnitt im Dienste männlicher
Herrschlust dich zum Freiwild erklärte und
zur stimmlosen Magd bis zum heutigen Tag
Zur Ganzheit sind wir geboren als Töchter
Gottes

Christa Peikert-Flaspöhler

Schwein und Schlange, einmal als heilige Tiere verehrt, sind zu Sinnbildern des Gefährlichen und Bösen geworden. Die Geschichte dieser Symbole ist eine Geschichte ihrer Verteufelung. Und ihre Abwertung geht einher mit der Errichtung des Patriarchats. Kein Wunder, denn Schlange und Schwein stehen in Verbindung mit dem Weiblichen.

Die Schlange, Begleiterin der grossen Göttin

Bis ca. 1000 v. Chr. war im ganzen Mittelmeerraum die Verehrung der grossen Göttin verbreitet. Mit ihrer Verehrung war das Symbol der Schlange eng verbunden. Die Menschen beobachteten das durch Häutung sich immer wieder regenerierende Tier und erkannten darin den Inbegriff ewigen Lebens. Diese Fähigkeit wurde ihrer Klugheit und Schlauheit zugeschrieben. Die Schlange lässt in ihrer Lebensweise nicht nur das sich immer wieder erneuernde Leben erkennen, sie kann ebenso den Tod bringen. Diese Einheit von Geborenwerden und Sterben wurde auch in der grossen Göttin verehrt, der Magna Mater, der Herrin über Leben und Tod. In vielen Kulturen wurde sie in drei Gestalten verehrt, als die jungfräuliche, als die fruchtbare und als die todbringende Göttin. Die Verkörperungen dieser drei Aspekte des Lebens gehörten untrennbar zusammen. In der minoischen Religion Kretas finden wir die Triade Demeter, Kore und Persephone. Kore verkörpert die jungfräuliche und Persephone die todbringende Erscheinung der Erdmutter Demeter. Die grosse Göttin trug verschiedene Namen. Bei den Sumerern wurde Innana, in Babylon Ishtar, in Ägypten Isis und bei den Phöniziern Aschera als die grosse Mutter alles Lebendigen verehrt. In all diesen Kulten spielte die Schlange eine wichtige Rolle.

Der Sturz der Göttin

Hinter der Paradiesesgeschichte in Genesis 3 verbirgt sich eine religionsgeschichtliche Entwicklung, die um 1000 v. Chr. in vielen Kulturen zu verfolgen ist: die Verfluchung der Göttin und mit ihr der sie repräsentierenden oder begleitenden Schlange. Im Namen der Eva, der »Mutter alles Lebendigen«, klingt die mütterliche Gottheit an. Die Schlange, das schlaueste aller Tiere des Feldes, fordert das erste Menschenpaar auf, vom Baum der Erkenntnis zu essen. Sie würden dadurch werden wie Gott, gut und böse unterscheiden können und heraustreten aus der Gleichrangigkeit mit der übrigen Schöpfung. Die Hoffnung auf ein ewiges Leben, wie es die Schlange für die Menschen verkörperte und nach dem sie sich selber doch so sehr sehnten, wird ihnen in Aussicht gestellt. Und die Frau und der Mann assen von den Früchten, worauf ihnen die Augen aufgingen und sie ihre Nacktheit erkannten. Im Mythos der Paradieseserzählung scheint die Erfahrung durch, wie die Menschen im Bestreben, dem ausserhalb seiner Schöpfung stehenden Gott gleich zu sein, aus der Einheit mit dem Kosmos heraustreten.
Dass die Schlange dabei als Verführerin auftaucht, verrät die Wertung des Schlangensymbols durch den Jahwisten, den Verfasser der Paradieseserzählung. Er lebt in einer Zeit, in der sich die Jahwe-Religion gegen die der grossen Göttin verbundene Religion der Kanaanäer abgrenzt. Aschera, die grosse Mutter der Kanaanäer wurde entmachtet und ihr Symbol, die Schlange, zum Sinnbild des Bösen erklärt. Dahinter verbirgt sich menschheitsgeschichtlich jedoch weit mehr als der Kampf der Religion Israels gegen die sogenannt heidnischen Religionen der kanaanäischen Bevölkerung. Die Paradieseserzählung zeigt den Übergang von der matriarchalen Religion der grossen Göttin zur patriarchalen des männlichen Gottes. Auch in anderen Kulturen ereignete sich die Entmachtung der grossen Göttin. Die einst autonomen Göttinnen werden vernichtet, verbannt oder zu eifersüchti-

gen Ehefrauen männlicher Götter wie die Zeusgattin Hera. Die Schlange wird als Unheilstier bekämpft oder auf ihren lebensspendenden Aspekt reduziert, den sich die Götter als Symbol aneignen. In Ägypten ziert die Uräusschlange, einst Symbol der Göttin Isis, den Kopfschmuck des den männlichen Sonnengott repräsentierenden Pharao.
In Genesis 3 stiftet Gott Feindschaft zwischen der Frau und der Schlange. Die Aufhebung ihrer ursprünglichen Nähe wird als Strafe für das Vergehen der Frau dargestellt. In Wirklichkeit wurde der Frau die Schlange, das Symbol der grossen Göttin, genommen. Die Verehrung der Einheit allen Lebens muss dem Dualismus von Gut und Böse, von Oben und Unten, von Geist und Materie, von Leben und Sterben weichen. Der Frau wird das Böse, die Materie zugeordnet. Und damit das Böse nicht mehr zum Durchbruch kommt, wird sie fortan dem Mann unterstellt. Obwohl der Mann genauso »gesündigt« und vom Baum der Erkenntnis gegessen hat, wird er keineswegs entmachtet – im Gegenteil. Er kontrolliert die Macht der Frau im Namen eines Gottes, der die weibliche Gottheit besiegt hat. Was im jahwistischen Schöpfungsbericht angedeutet ist, wird bei den Kirchenvätern und im Mittelalter weiterentfaltet. Die Schlange wird zum Satan. Das einst göttliche Tier repräsentiert nun den Gegenspieler Gottes.

Verfluchte Schlange – unterdrückte Frau

Dass die Sünde Evas eine sexuelle gewesen sein soll, kann der Paradieseserzählung schwerlich entnommen werden. Dennoch wird in der Wirkungsgeschichte des Textes die Frau als Verführerin im sexuellen Sinn geächtet, weibliche Sexualität als todbringende Macht bekämpft und mit ihr die Schlange als Symbol der unheimlichen sexuellen Bedrohung. Die Einheit weiblicher Identität, wie sie in der Triade der grossen Göttin aufleuchtet, wird nurmehr auf den jungfräulichen und den mütterlichen Aspekt reduziert. Eva wird mit dem abzuspaltenden weil todbringenden, dritten Aspekt des Weiblichen identifiziert, der mit autonomer weiblicher Sexualität in Verbindung gebracht wird. Im Bestreben, die Frau entweder als Jungfrau oder Mutter unter männlicher Kontrolle zu halten, zeigt sich die Angst des Mannes vor einem ganzheitlichen, die Sexualität integrierenden Lebensbezug der Frau. Als die verführende Eva muss sie geächtet werden. Es sei denn, sie stelle ihre Sexualität in den Dienst der Mutterschaft oder halte sich als Jungfrau als Bedrohung des Mannes zurück. Seit dem 13. Jahrhundert gibt es Darstellungen der Jungfrau und Mutter Maria, die als Antitypus zur verabscheuenswerten Eva den Kopf der Schlange zertritt.

Auch die sogenannte sexuelle Revolution hat der Frau keineswegs die Befreiung von der Beherrschung ihrer Sexualität durch die Männer gebracht. Männer beanspruchen weiterhin die Macht über die Frauen, die auf Körperlichkeit reduziert und als Sexualobjekte missbraucht werden. Während das Ansehen eines Mannes von seinen geistigen Fähigkeiten abhängt, werden die Frauen weitgehend über ihren Körper definiert. Männer haben gescheit zu sein und Frauen schön. Ausserdem zeichnet sich eine »richtige Frau« durch ihre mütterliche, Geborgenheit schenkende Natur aus. Diese Definition legitimiert zunächst den Ausschluss der Frauen aus Gesellschaft, Politik und Religion. Darüber hinaus wird die Frau nach ihrem Gebrauchswert für den Mann als Sexualobjekt und Mutter seiner(!) Kinder bemessen.

Die heilige Wildsau

Nicht nur die Schlange, auch das Wildschwein wurde im ganzen Mittelmeerraum und in vielen anderen Kulturen als heiliges Tier, als der kosmische Uterus verehrt. Der Name der Stadt Troja bedeutet soviel wie Mutterschwein. Aus my-

kenischer Zeit stammt die in Troja gefundene Figur der Himmelssau mit vielen Sternchen auf dem Rücken. Diese deuten hin auf die zahlreichen Ferkelkinder, die sie allabendlich neu gebiert und an den Himmel setzt. In vordynastischer Zeit wurde in Ägypten die Schweinegöttin Nut verehrt. Auch sie bringt jeden Abend ihre Kinder, die Sterne, zur Welt, um sie frühmorgens wieder zu verschlingen. Sie gebiert auch Re, den Sonnengott als eines ihrer Kinder. An ihrem Tempel wurden Schweineherden gehalten, deren Hirten Orakelpriester der grossen Göttin waren. Ins 14. Jahrhundert v. Chr. fällt die Regierungszeit Amenophis IV., der dem Sonnengott Re die Herrschaft über die Welt und alle Götter geben wollte. Auch wenn sich nach Echnaton, wie sich Amenophis IV. nach der Sonne (aton) selber nannte, die religiöse Revolution nicht etablieren konnte, verschiebt sich die Wiedergeburtshoffnung dennoch zunehmend von der Schweinegöttin Nut auf den Sonnengott Osiris. Nut wurde zur Todesgöttin degradiert, das Schwein wandelte sich in der Folge zum Symbol für die böse, verdammte Seele der Toten, und die Schweinepriester galten fortan als unrein.
Das Schwein ist vier Monate im Jahr trächtig, ein Drittel des Jahres. Das kultisch gefeierte Jahr der grossen Göttin ist ebenfalls zu einem Drittel fruchtbar, einem Drittel empfängnisbereit und einem Drittel brach. Diese Phasen entsprechen auch dem Gebärmutterzyklus der Frau. Jutta Voss hat über 2000 Bilder gesammelt und festgestellt, dass das heilige Schwein mit dem weiblichen Zyklus in Verbindung steht. Auch die sprachliche Vewandtschaft deutet auf diesen Zusammenhang hin. Schwein heisst griechisch Hys, das Wort für die Gebärmutter, Hystera, leitet sich von diesem Wortstamm ab. Die Wildsau ist das Gebärmuttertier, Symbol für Geburt und Wiedergeburt.

Das unreine Tier

In der Herabsetzung von Nut zur Todesgöttin zeigt sich die fortschreitende Patriarchalisierung innerhalb der ägyptischen Religion. Auch im jüdisch-christlichen Verhältnis zum Schwein schlägt sich parallel dieser Prozess nieder. Das Schwein gilt vermutlich seit dem 7. Jahrhundert v. Chr. in Israel als unreines Tier, dessen Fleisch nicht verzehrt werden darf. Diese Vorschrift stellt eine Abgrenzung der Religion Israels gegenüber jener der kanaanäischen Schweinegöttin dar. Das Essen von Schweinefleisch dürfte dort eine kultische Handlung gewesen sein.
Das Schwein als unreines Tier spielt auch als religiös-kultureller Hintergrund neutestamentlicher Erzählungen eine Rolle. Der verlorene Sohn endet nach seiner Trennung vom Vater als Schweinehirt, in einem unreinen Beruf, den kein gläubiger Jude ausüben durfte. An anderer Stelle lässt Jesus die unreinen Geister, die einen Mann quälen, in eine Schweineherde fahren.
Jutta Voss weist auf den Zusammenhang zwischen dem Symbol des Schweines und dem weiblichen Blut hin. Das Geheimnis der Wandlungen des Kosmos, die sich im Schwein als der kosmischen Gebärmutter vollziehen, sind dem Wandlungsmysterium des weiblichen Blutes verwandt. Die Verfluchung des Schweines ist zugleich die Verfluchung von Menstruation und weiblicher Sexualität.

Ausrottung und Züchtigung

Zur Zeit der Hexenverfolgung wurden eigenständige Frauen, die vielfach als Hebammen tätig waren, oftmals mit dem Symbol des Schweines in Verbindung gebracht. Sie wurden sexueller Vergehen bezichtigt, und es gab die Vorstellung, dass Hexen auf Schweinen reiten. Was in der Hexenverfolgung zum Ausdruck kommt, ist die gewaltsame Unterdrükkung weiblicher Macht und Autonomie. Frauen, die den Männern nicht geheuer, weil nicht unterlegen waren, riskierten eine qualvolle Hinrichtung. Wer sich nicht zähmen liess und sich der von den Männern verfügten Frauenrolle widersetzte, bezahlte mit dem Leben. Die Hexenprozesse stellen die Spitze der Ausrottung weiblicher Selbständigkeit im Verlauf der vergangenen Jahrhunderte dar. Die Androhung von Gewalt hat die Frauen gezähmt und sie von der eigenen Wildsau entfremdet. Die Wildsau wurde domestiziert, zum gehorsamen Hausschwein herangezogen. Die Frau hat die Rolle der unterlegenen und angepassten, sexuell abhängigen Dienerin des Mannes internalisiert, um nicht durch Liebesentzug bestraft zu werden. Dass diese Züchtigung bis in unsere Zeit anhält, zeigt auch das Lehrzuchtverfahren (!) gegen die Theologin Jutta Voss, die durch ihre religionsgeschichtlichen Forschungen den Zusammenhang zwischen Frau und Wildschwein erkannt hat.

Zurück zur Schlangen- und Schweinegöttin?

Was wir mit der Entwertung der Symbole von Schlange und Schwein aufzeigen möchten, ist nicht der Weg zurück in ein matriarchales Zeitalter, über dessen konkrete Ausgestaltung wir ja recht wenig wissen. Dass es eine Zeit gab, in der Schlange und Schwein noch lebendige Symbole waren, erfahren wir in Mythen, die eine grosse Bedeutung weiblicher Erfahrung und weiblicher Werte erahnen lassen. Welche Gesellschaftsform weiblich dominierte Kulturen jedoch hatten, können wir aus den Mythen nicht rekonstruieren.
Eine Auseinandersetzung mit der Entstellungsgeschichte der Symbole von Schlange und Schwein lässt uns auf die patriarchale Unterdrückung weiblicher Erfahrung aufmerksam werden. Vom schulischen Religionsunterricht bis zum Theologiestudium haben wir gelernt, dass religiöse Symbole wie die Göttin als heidnisch abzulehnen seien, dass Fruchtbar-

keitsriten im Gegensatz zu christlichen Riten nichts mit der wahren Religion zu tun hätten. Jede Abwertung matriarchaler Religionen als heidnisch ist jedoch zu hinterfragen, weil sie die Unterdrückung des Weiblichen in sich birgt. Jede Frage nach der »richtigen« Religion ist ideologieverdächtig. Spirituelles Suchen von ChristInnen, das Erfahrungen von Frauen und Männern, von Mensch und Kosmos, gerecht werden will, wird zwischen Christentum und »Heidentum« keine moralische Grenze ziehen. Vielmehr kann die Begegnung mit nichtchristlichen, matriarchalen Religionen dazu beitragen, den in der Herausbildung des Patriarchats verlorenen Erfahrungsschatz der Frauen zurückzugewinnen und zu integrieren.

Literatur:
Hans Egli, Das Schlangensymbol. Geschichte, Märchen, Mythos, Olten (Walter) 1982.
Silke Schilling, Die Schlangenfrau. Über matriarchale Symbolik weiblicher Identität und ihre Aufhebung in Mythologie, Märchen, Sage und Literatur, Frankfurt/M. (Materialis) 1984.
Jutta Voss, Das Schwarzmondtabu. Die kulturelle Bedeutung des weiblichen Zyklus, Stuttgart (Kreuz) 1988.

Leben – Tod – Unterwelt

Wie der Tod in die Welt kam

Der Mond sprach zum Hasen: »Gehe zu den Menschen und melde ihnen: ›Wie ich sterbe und wiederauferstehe, so sollt auch ihr sterben und wiederauferstehen!‹« Da ging der Hase zu den Menschen. Er traf als erste die Jungen, die das Vieh hüteten, und da meldete er ihnen: »Der Mond sagt: Wie er stirbt und wiederaufersteht, so sollt auch ihr sterben und wiederauferstehen!« Doch da riefen die Jungen: »Was sagt der Hase da? Du hässliches Ding, du lügst!« Sie begannen, ihn zu ärgern und warfen ihm Sand in die Augen. Da rief der Hase wütend: »Von heute ab sollt ihr sterben und tot bleiben!« Und so ist es dann gekommen. Die Jungen haben das Unheil angerichtet. Der Hase hatte die gute Botschaft vom Mond gebracht, aber die Hütejungen, die ärgerten den Hasen, bis er wütend rief: »Von heute ab soll der Tod bei uns sein!«

aus Namibia

Der Tod und die Erfahrung eigener Sterblichkeit war und ist wohl für die Menschen mit tiefem Entsetzen verbunden. Unausweichlich und unabänderlich wird jedem Leben ein Ende gesetzt, und es ist unbegreiflich, dass ein Mensch, der einem nahe war, plötzlich nicht mehr ist.
Diese Erfahrung forderte Menschen aller Kulturen heraus. In Geschichten, Bildern, Ritualen versuchten sie, den Schrekken des Todes zu bewältigen und ihn sinnvoll in ihr Leben zu integrieren. Oft waren wohl gerade das Entsetzen vor dem Tod und die tiefe Sehnsucht nach einem ewigen Getragensein der Nährboden der Religiosität überhaupt.

Leben ohne Tod

Heute stehen wir allerdings in der westlichen Welt an einem Punkt, da der Tod unser Leben nur noch am Rande berührt. Er ist verdrängt, abgeschoben in Pflegeheime und Spitäler. Oder er erreicht uns gut aufbereitet als Nervenkitzel über den Bildschirm. Das Bewusstsein aber, dass der Tod unser Tod ist, dass er zu uns gehört, dass er Teil unseres Lebens ist, verschwindet zusehends. Was zählt, ist Jugend, Schönheit, Leistung, Spass. Wehe den Falten und grauen Haaren! Sie bedeuten das Ende des Begehrens und des gesellschaftlich attraktiven Lebens – zumindest für Frauen. Erfahrenheit, Weisheit hat kaum einen gesellschaftlichen Wert. Der Tod, der mit dem Alter näher kommt, darf nicht sein.
Neben dieser Angst vor dem Tod ist jedoch gerade bei Jugendlichen eine zunehmende Faszination durch das Kribbeln der Todesnähe zu beobachten. Brückenspringen, auf fahrenden Zügen herumklettern – die Herausforderung des Todes kann zur Sucht werden.
Unabhängig von Verdrängung oder Herausforderung – wird der Tod in unserm nächsten Umfeld zur Tatsache, so wird sehr bald die gesellschaftliche Unfähigkeit im Umgang mit ihm spürbar. Unsere Rituale sind erstarrt, Trauer und

Schmerz kaum mehr mitteilbar, und Trost zu geben, fällt den meisten schwer. Hier wäre eigentlich der Ort der Religion, hier sind ihre Antworten gefragt. Doch auch das Christentum ist im Angesicht des Todes meist sprach- und hilflos geworden. Denn die Sprache seiner Mythen und die Formeln seiner Theologie wirken allzuoft wie kalte, entleerte Hüllen. Manche ChristInnen entwerfen daher experimentell neue, eigene Begräbnisrituale, suchen mühsam eine ehrliche Annäherung an den Tod. Und im Laufe dieser Auseinandersetzung erwacht auch die Frage: Wie bewältigten frühere Menschen den Tod?

Leben – Tod – Unterwelt

Todesmythen gibt es in allen Kulturen der Erde. Manche Elemente sind ihnen allen gemeinsam. So ist der Tod immer ein krisenhafter Moment, ein Durchgang in eine neue Daseinsweise. Das kann ein Weg in die Tiefe, zur Urmutter sein (z.B. bei den Hopis), eine Fahrt übers Meer, ein Weg über eine Brücke oder einen Regenbogen – immer aber ein Gang in ein anderes Sein. Oft ist die Sonne Begleiterin der Verstorbenen ins Totenreich, das im Westen liegt. Denn auch die Sonne stirbt allabendlich.
In den Mythen der verschiedenen Kulturen gehören überall Leben und Tod untrennbar zusammen. Ohne Tod ist kein neues Leben möglich, und wo Leben ist, muss auch der Tod zu finden sein. Nur wenn Menschen Tiere töteten, konnten sie leben. Und wenn die Alten starben, machten sie damit Raum frei für die Jungen. Der Tod gehört zum Leben wie die Nacht zum Tag und wie der Winter zum Sommer. Die griechische Mythologie drückt das damit aus, dass Hades, der Herr der Unterwelt, der Bruder ist von Zeus, dem Herrn des Götterhimmels. Himmel und Unterwelt, Leben und Tod haben denselben Ursprung, gehören also ursprünglich zusammen.

In dieser Sicht des Lebens als rundem Ganzen sind Fruchtbarkeit und Sterben, Wachsen und Vergehen miteinander verschränkt, untrennbar. Ein mesopotamischer Mythos, die Erzählung von Inannas Weg in die Unterwelt, macht das auf besonders eindrückliche Weise deutlich.

Inanna in der Unterwelt

Die Göttin Inanna ist die Königin von Himmel und Erde. Eines Tages beschliesst sie, in die Unterwelt hinabzusteigen, denn »ihr Herz verlangte aus himmlischer Höhe nach der Erde tiefstem Grund«. Am Tor zur Unterwelt muss Inanna erklären, warum sie um Einlass in »das Land ohne Wiederkehr« bittet. Ihre Schwester Ereschkigal, die Herrin der Unterwelt, befiehlt, sie solle kommen wie alle andern auch, »nackt und tief gebeugt«. So werden Inanna an den sieben Toren zur Unterwelt ihre Zeichen göttlicher Herrschaft und ihre Kleider abgenommen. In der Unterwelt angekommen, wird sie von ihrer Schwester Ereschkigal getötet und an einen Pfahl gehängt. Dort verfault und verrottet sie.
Die Götter des Himmels weigern sich, Inanna zu helfen. Schliesslich greift Enki, der Gott des Wassers und der Weisheit, ein und erreicht Inannas Befreiung. Allerdings fordert Ereschkigal einen Ersatz von Inanna. Inanna kehrt, mit dem Lebenswasser besprengt, das Ereschkigal gehört, in die Oberwelt zurück. Sie beschliesst, niemanden zu opfern, der um sie geweint hat. Schliesslich trifft sie auf ihren ersten Gatten Dumuzi, der auf seinem Thron sitzt und das Leben geniesst. Inanna verurteilt ihn zum Gang in die Unterwelt. Dumuzi flieht zu seiner Schwester, die sich an seiner Stelle als Opfer anbietet. Schliesslich befiehlt Inanna, dass sie beide abwechslungsweise für ein halbes Jahr in die Unterwelt gehören sollen.
Der Mythos erzählt, wie nahe verwandt Leben und Tod sind. Inanna, die Herrin des Himmels, der Fruchtbarkeit, der Se-

xualität und des Krieges, sehnt sich nach der Tiefe der Unterwelt. Ereschkigal, die Herrin des Todes, des Verbotenen, verfügt über das Lebenswasser. So gibt es zwar oben und unten, Leben und Tod, doch beides verschränkt sich ineinander. Inanna will diese Verschränkung durchleben, sie sehnt sich nach der Tiefe der Erde. Sie gibt alle Macht, allen Schutz und schlussendlich sogar das Leben auf. Sie wird vollständig zerstört. Erst durch die Hilfe der Weisheit erhält sie das Lebenswasser und kehrt neu ins Leben zurück.
Auch wenn uns durch die Distanz der Jahrtausende manches an Inannas Abstieg fremd bleiben muss, sprechen die Bilder des Mythos tiefe Erfahrungen, Ängste und Sehnsüchte an. Der Weg in die Unterwelt ist ein Weg der Verwandlung, den Menschen immer wieder gingen und gehen.

Tod und Unterwelt im Christentum

Wer kennt sie nicht, die Bilder des Gottesgerichts, mit den verzerrten Gesichtern derjenigen, die in der Hölle grausam geqält werden, mit dem Fegefeuer in der Mitte und den Glückspilzen, die hinauf in den Himmel gehoben werden.
Das Christentum verwandelte die Unterwelt in die Hölle, und den Herrn des Todes in den Teufel. Damit wurde das ursprünglich wertneutrale »Land ohne Wiederkehr« zum Reich des Bösen und von der lichten Höhe des Himmels radikal getrennt. Ein Grund für diese Spaltung in oben/unten, gut/böse, hell/dunkel war die tiefsitzende Angst vor der Macht der Tiefe, vor dem Unkontrollierbaren, Intuitiven – denjenigen Anteilen des Lebens also, die den Frauen zugeordnet wurden. Dieser Teil wurde für böse erklärt, dämonisiert, verfolgt und bekämpft. Besonders deutlich und verheerend wurde diese Dämonisierung der dunklen Seite Gottes in den Hexenverfolgungen, in den KetzerInnenprozessen und in der Verfolgung der Jüdinnen und Juden. Was fremd, unfassbar, anders war, galt als gefährlich, des Teufels und musste ver-

nichtet werden. Dass Frauen in erster Linie Opfer dieser Dämonisierung waren, liegt in der Logik der Verdrängung alles Weiblichen.

Es ist interessant zu verfolgen, wie dieses Bild von Himmel und Hölle entstand. Im Alten Testament ist der Gedanke an eine Auferstehung der Toten und ein Endgericht nur am Rande zu finden. Er entstand erst spät, und zwar in der jüdischen Apokalyptik, als der Glaube an ein nahe bevorstehendes Ende der Welt Verbreitung fand. Diese Apokalyptik prägte die Zeit Jesu und fand auch Eingang ins Neue Testament. Besonders Johannes übernahm dieses Bild, übertrug es aber auf die Auferstehung Jesu: Er ist der erste Auferstandene, und mit ihm ist der Tod überwunden. Gott besiegte den Tod, und mit der Auferstehung Jesu ist allen Glaubenden ein Leben nach dem Tod versprochen. »Wer mein Wort hört und dem glaubt, der mich gesandt hat, der hat ewiges Leben und kommt nicht ins Gericht, sondern ist aus dem Tode ins Leben hinübergegangen.«(Joh 5,24) Allgemein sind Gott und der Tod in der Sprache des Neuen Testamentes Feinde, die sich bekämpfen. Gott überwindet, besiegt, vernichtet den Tod.

Paulus spitzt diesen Ansatz noch zu. Er bezeichnet den Tod als den Lohn der Sünde. Wer sich gegen Gott entscheidet und für ein Leben in Gottferne, erhält mit dem Tod den gerechten Lohn. Denn im Tod wird deutlich werden, wie sinnlos dieses Leben war, da nach dem Tod nur noch das Nichts sein wird. Diejenigen aber, die an Gott glauben und sich zu Christus bekennen, sind durch die Taufe diesem zerstörerischen Tod entronnen, sie sind ihm »gestorben« (Gal 2,19f). Ihr Tod wird einst nicht das Ende sein, sondern der Anfang des Lebens in Gott. Paulus unterscheidet also zwischen dem schrecklichen und dem freundlichen Tod. Die Auferstehung der Toten am Ende der Zeit aber war für ihn das »ganz andere«, das sich nicht in Worte fassen lässt.

Die christliche Theologie wurde jedoch schon bald durch die griechische Gnosis neu herausgefordert und musste das Le-

ben nach dem Tod neu umschreiben. Für die Gnosis sind Leib und Geschichte zutiefst negativ. Entsprechend positiv ist der Tod, der die Seele vom Leib befreit, der sie gefangenhält und versklavt. Nach dem Tod findet die Seele zurück in das Reich des Geistes, aus dem sie stammt. In der Gnosis wurde der Leib zum Übel, das überwunden werden musste. Die GnostikerInnen hatten grossen Einfluss auf die Theologie der ersten Jahrhunderte. Einerseits setzte sich die christliche Theologie von der Gnosis ab, anderseits übernahm sie vieles von ihr. So fand die Aufspaltung von Leib und Seele hier den Weg ins Christentum. Der Abwertung des Leibes aber begegnete die Theologie mit dem Bild der Auferstehung des Leibes, des ganzen Menschen also am Ende der Zeit. Doch wohin ging die Seele nach dem Tod des Leibes bis zur Zeit der Auferstehung? Im Anschluss an spätjüdische Vorstellungen wurde das Bild eines Zwischenzustandes entwickelt: die Guten erleben eine vorläufige Seligkeit, für die Bösen beginnt die Strafe. Diese Theologie wurde von Augustinus und später von der mittelalterlichen Theologie noch stark ausgebaut. Das Bild von Himmel und Hölle erhielt immer mehr Gewicht, das Jüngste Gericht trat zunehmend in den Hintergrund.
Heute verlieren offenbar diese Antworten des Christentums auf den Schrecken des Todes stark an Bedeutung. Vielmehr ChristInnen glauben an die Wiedergeburt als an die Hölle. Die Spaltung des Menschen in Körper und Seele wird selbst von Medizinern nicht mehr akzeptiert. So steht die christliche Theologie genau dort, wo sie am stärksten gefragt ist, im Angesicht des Todes, oft hilflos da. So hängt es von den Fähigkeiten der Hauptamtlichen ab, ob bei einer Beerdigung die Trauernden Trost und Zuversicht erleben. Oft aber zeigt es sich, dass die Bilder und Mythen des Christentums kein Echo mehr finden. Und immer mehr Menschen werden vor der Erfahrung des Todes sprachlos und einsam.

Wir sterben Stück für Stück

Doch wo können wir nun neu anknüpfen? Wo finden unsere Erfahrungen ihren symbolischen Ausdruck? In der Erfahrung vieler Menschen gehört der Tod nicht nur ans Ende des Lebens. Sondern in unserm Lebensprozess begleiten uns Erfahrungen des Sterbens ständig.

Als Jugendliche hatte ich eine Abscheu davor, zu werden wie die Erwachsenen, wie sie meine Ideale Stück für Stück zu verlieren, mich in ein Gefüge einzupassen. Mir schien das wie ein langsames Sterben. Blicke ich nun zurück, dann hatte ich so unrecht nicht. Vieles ist seither gestorben, manches auf schmerzliche Weise: die Überzeugung, mir sei in meinem Leben alles möglich, der Glaube an die Unzerstörbarkeit der Liebe, der Wille, die Welt zu verändern und zwar sofort. Manches starb durch die Erfahrung meines eigenen Scheiterns. Anderes wurde von aussen abgewürgt oder in Grenzen gezwungen, gegen die mein Wille nicht ankam. Diese Erfahrungen des grossen und kleinen inneren Sterbens liessen mich tatsächlich erwachsen werden. Und zutiefst in allem lag das Grundgefühl, das ich auch heute mit vielen teile: »Unsere Welt stirbt, und ich kann so wenig tun.«

In den letzten Jahren wurde mir bewusst, dass ich auf Erfahrungen des Sterbens zwei Reaktionsmöglichkeiten habe: Ich stecke sie weg, oder ich gehe durch sie hindurch. Hier trifft sich der Mythos von Inanna mit meinem Leben. Dort, wo es mir hie und da, oft nur ansatzweise, gelungen ist, meine Kontrolle aufzugeben, in Schmerz, Verlust und Trauer hineinzugehen, dort fand ich meine tiefsten Verletzungen, dort erlebte ich sterben. Ich stiess aber auch auf Quellen einer immensen Kraft, auf eine Lebensmacht, die ich nie vermutet hätte.

Der Weg durch die Tiefe lässt mich dem Leben anders begegnen, stärker und sensibler zugleich. Indem ich dem Sterben begegne, erwacht in mir eine intensive, parteiergreifende Liebe zum Leben.

Solange der Tod in unserer Gesellschaft jedoch eine verdrängte Unannehmlichkeit bleibt, ist auch das Leben Wegwerfware. So wird es höchste Zeit, unsern Kindern neue Geschichten von Leben und Tod, von Wachsen und Vergehen zu erzählen. Solche Geschichten finden wir in Sagen und Legenden. Aber auch unsere christliche Tradition hätte manches an Bildern und Erzählungen zu bieten. Besonders die MystikerInnen standen immer in Berührung mit dem Tod, sie kannten den Weg in die Tiefe und folgten der Kraft ihrer inneren Bilder. Vieles davon müsste neu entdeckt werden.

Literatur:
Anita von Raffay, Traumbild Unterwelt. Von den dunklen Göttern der Tiefe, Olten (Walter) 1986.
Gunther Stephenson (Hrsg.), Leben und Tod in den Religionen. Symbol und Wirklichkeit, Darmstadt (Wissenschaftliche Buchgesellschaft) 1980.
Eberhard Jüngel, Tod, Stuttgart (Kreuz) 1971.
Gisbert Greshake, Tod und Auferstehung, in: Christlicher Glaube in moderner Gesellschaft, Band 5, Freiburg (Herder) 1980.

Schlussgedanken

Zurück zur Natur?

Unsere Wanderung auf den Spuren zyklischer Symbole führte uns zurück in eine frühere Zeit, in der Zyklen, Fruchtbarkeit und Weiblichkeit eine zentrale Bedeutung hatten. Frühe Mythen und Kultplätze zeigen, dass eine Hochschätzung der Fruchtbarkeit und eine Verehrung der natürlichen Zyklen einhergehen mit einer gewissen Machtposition von Frauen. Es ist jedoch zu beobachten, wie Mythen und Symbole über Jahrhunderte im Dienst männlicher Vormachtstellung verändert werden. Dies lässt einen zähen, langandauernden Kampf zwischen von Frauen geprägten Mond-Fruchtbarkeits-Kulten und männerzentrierten Sonne-Macht-Religionen sowie den entsprechenden Gesellschaftsformen vermuten. Allerdings ist es heute wissenschaftlich nicht mehr nachweisbar, ob es überhaupt je eine durch und durch matriarchale Gesellschaftsform gab. Da die patriarchale Geschichtsschreibung die Spuren weiblicher Macht sehr effizient ausgelöscht hat, kann über die Gestalt einer von Frauen dominierten Gesellschaft nur noch spekuliert werden. Erwiesen aber ist, dass es Gesellschaftsformen gab, in denen Frauen einen bedeutend höheren Stellenwert und mehr Einfluss hatten als in späteren Kulturen.

Heute nun hat sich das patriarchale Machtmuster dermassen eindeutig, global und uneingeschränkt durchgesetzt, dass seine selbstzerstörerische Kraft unübersehbar ist. Doch wie kann nun ein neuer Weg in eine lebenswerte Zukunft aussehen? Ist es der Weg zurück in jene mythische Zeit der Frauenmacht, ins Matriarchat also? Wohl kaum. Jene Zeit war wirtschaftlich und politisch völlig anders strukturiert, das Bewusstsein der Menschen mythisch naturnah. Der Prozess der dazwischenliegenden Jahrtausende kann weder umgekehrt noch ausradiert werden. Wir sind Frauen und Männer unserer Zeit, das Patriarchat ist unser Umfeld und steckt auch in uns, die tägliche Zerstörung der Natur ist unsere bedrängende Realität. Hinter diese Tatsachen gibt es kein Zurück.

Auch das Aufwerten von Fruchtbarkeit und Mütterlichkeit ist uns als Schritt in eine neue Zukunft verdächtig. Noch sind die Stimmen jener christlichen Kreise zu laut, die genau diese Mütterlichkeit benutzen, um Frauen aus dem öffentlichen Leben fernzuhalten. Und allzu schnell gerät frau über die Mütterlichkeit in die patriarchale Sackgasse, dass ihr Frau-Sein ausschliesslich über ihre Gebärfähigkeit definiert wird.

Ebenso schwierig scheint es uns, der heutigen unbegrenzten Ausbeutung von Menschen, Tieren und Natur den Lobpreis der Natur entgegenzuhalten. Zwar müssen wir dringendst eine neue Beziehung zur Schöpfung entwickeln. Doch wenn zu diesem Zweck die Ursprünglichkeit der Natur als heile Welt dargestellt wird, in die wir zurückkehren müssen, dann taugt das als politische Strategie wenig. Im Gegenteil: Nur zu schnell werden konservative, ja nationalistische Kreise in den Lobgesang der Natur miteinstimmen, mit dem Ziel allerdings, alles Unnatürliche, Fremde, Unkonventionelle auszugrenzen. Nein, es kann heute nicht mehr um das romantisch verträumte »retour la nature« gehen. Uns jetzt mit der Schöpfung zu verbinden heisst, das Bestehende auf seine lebensfeindliche, zerstörerische Ausrichtung hin abzuklopfen, wachsam zu sein, patriarchale Machtstrategien zu entlarven, die Profiteure der hemmungslosen Ausbeutung zu benennen. Zugleich bedeutet es aber auch, eine eigene, neue Lebensrichtung zu entwickeln. Das ist äusserst anspruchsvoll, aber unumgänglich. Immer mehr Frauen und auch Männer verbünden sich auch heute und versuchen gemeinsam, die alten, tödlichen Spaltungen aufzuheben, neue Ganzheit zu finden.

Aufrechte, ganze Menschen werden

Als vor einigen Jahren die ersten Meldungen über das fortschreitende Sterben unserer Wälder publik wurden, schien sich in der Öffentlichkeit ein neues Bewusstsein für die Verknüpfung von uns Menschen mit der uns umgebenden Mitwelt abzuzeichnen. Die Angst vor der eigenen Zukunft bewog zum Nachdenken über unsere Lebensweise. Doch die Sensibilität hielt nicht lange an. Kaum stellte sich die Frage nach den Konsequenzen, die einen Ausweg aus der Sackgasse möglich machen würden, wich die anfängliche Bereitschaft zum Handeln wiederum der altbewährten Verdrängung der Problematik. Was uns heute weitgehend fehlt, ist eine ganzheitliche Weltsicht, die uns Menschen nicht nur aufgrund naturwissenschaftlicher Erkenntnisse mit dem Kosmos verwoben sieht, sondern einem emotional verankerten Bewusstsein um unsere eigene Abhängigkeit entspringt.
Während dieses Buch entstand, wurde uns bewusst, wie tiefgreifend unsere Alltagssymbole mit solchen Verdrängungsmechanismen einhergehen und wie wichtig es wäre, dynamische Symbole des Lebens neu zu entdecken und zu integrieren. Symbole sind Bilder, die uns in der Tiefe unseres Daseins verändern können. Der Dialog mit ihnen könnte uns dazu verhelfen, anstelle des Fortschrittsglaubens zu einer ganzheitlichen Spiritualität zu finden. Zum ganzheitlichen Erleben der Welt gehören zwei Grunderfahrungen: die zyklische und die lineare Bewegung. Leben und Tod, Sommer und Winter, Tag und Nacht, Same und Ernte sind Ausdruck der zyklischen Erfahrung, die uns von der Natur her als Bewegung mitgegeben ist. Gleichzeitig erleben wir im Wachsen der Lebewesen und in der eigenen Entwicklung das lineare Strukturelement der Welt. Innerhalb der Kreisläufe, in denen sich Leben abspielt, gibt es auch immer wieder das Neue und die Veränderung. Im Symbol der Spirale drückt sich die Verbindung der beiden Prinzipien am deutlichsten aus. Wir bewegen uns in Kreisen fort.

In den letzten Jahrhunderten wurde in unserem Kulturraum das Zyklische zugunsten des Linearen mehr und mehr zurückgedrängt. Die Folge war eine Entfremdung der Bewegung des Menschen von den Bewegungen der Natur. Sie ging einher mit der systematischen Entmachtung der Frauen, denn ihnen wurde aufgrund ihrer Fähigkeit, das Zyklische am eigenen Leib zu erleben, eine enge Verknüpfung mit der Natur zugeschrieben. Die Abwertung der Natur und die Abwertung des Weiblichen sind damit ein und dasselbe. Frauen galten bald einmal als vernunftmässig minderbemittelt, unlogisch, zum Fortschritt unfähig, ihrem Körper und ihrer Sinnlichkeit verhaftet. Ihre Macht zu gebären wurde ihnen zur Pflicht erklärt. Die Fixierung auf ihre Mutterrolle diente fortan dem Bestreben, sie vom öffentlichen Leben und damit von ihrem Einfluss auf Normen und gesellschaftlich bedeutsame Symbole auszuschliessen. An die Stelle von Göttinnen und Fruchtbarkeitsmythen traten männliche Vorstellungen und Denksysteme, die von Dualismen geprägt waren. Die Welt wurde aufgeteilt in gut und böse, hell und dunkel, oben und unten, Geist und Natur. Nurmehr die eine Seite der einander bedingenden Gegensätze galt als die dem Menschen entsprechende Realität. Alles, was nicht Fortschritt und Aufstieg verheisst, wurde unterdrückt oder verdrängt. Das zyklische Strukturprinzip der Welt wurde vom linearen verdrängt. An die Stelle einer ganzheitlichen Lebenshaltung, die um die Abhängigkeit vom Kreislauf der Welt weiss, trat ein Machbarkeitswahn mit verheerenden Folgen.

Die Wiederentdeckung des Zyklischen und seiner Symbole ist dringend notwendig, um ein ganzheitliches Lebenskonzept anstreben zu können. Es genügt nicht, mittels technischem Fortschritt wieder ins Lot zu bringen, was wir an sozialen und ökonomischen Zusammenhängen kaputtgemacht haben. Damit ist noch kein Umdenken erfolgt. Die Herrschaft des Menschen oder vielmehr des Mannes über die Welt bleibt erhalten. In die Kreisläufe der Natur zu vertrauen, erfordert eine neue Spiritualität, die uns nicht als Herrscher über die Schöpfung begreift, sondern als ein Teil von ihr.

Das Persönliche ist politisch

Die Suche nach den verdrängten zyklischen Symbolen prägt nicht nur unser Denken, sondern auch unsere Seele. Sie geben verdrängten Lebenswerten wieder neuen Raum. Sie beeinflussen nicht nur unser individuelles Erleben, sondern auch unser Zusammenleben und unseren Umgang mit dem Kosmos.

Wir betrachten die Auseinandersetzung mit Symbolen nicht als eine Aufgabe der Menschen oder womöglich nur der Frauen. Eine ganzheitliche Lebensweise muss Folgen zeigen in der Politik, in der Religion, in den Normen, Werten und Institutionen einer Gesellschaft. Eine Politik, die der Welt (nicht nur den Menschen!) entspricht, braucht neben den linearen auch zyklische Symbole. Sie muss sich daran messen lassen, ob sie den Frauen, den Kindern, den Menschen, die sich nicht am unendlichen Fortschritt orientieren können oder wollen, der Natur und letztlich dem Göttlichen gerecht wird.

Den Menschen, die den Wert und die Bedeutung des Zyklischen entdeckt haben, kommt auch ein politischer Auftrag zu. Durch den Mut, ihre Erkenntnis in die Tat umzusetzen, tragen sie zu sozialen Veränderungen bei. Damit ist nicht ausgesagt, dass sich ein Umdenken nur im persönlichen Bereich abspielen muss und sich so wie von selbst auch die Strukturen ändern. Lebensfeindliche Menschen schaffen zwar lebensfeindliche Strukturen, lebensfeindliche Strukturen prägen ihrerseits auch die einzelnen Menschen. Gemeint ist vielmehr, dass von einem ganzheitlichen Weltbild geprägte Normen, Gesetze, Rollen oder Institutionen nur da wirkungsvoll sind, wo sie von Menschen getragen werden, die im Innersten vom Wissen um unsere Abhängigkeit und die Bedeutung des Zyklischen überzeugt sind.

Die Aufgabe der Kirchen

Die Kirchen könnten in diesem Prozess der Suche und der Veränderung zu einem wichtigen Lebensort werden. Hier könnten sich die verändernden Kräfte sammeln und bündeln, hier könnte ein Experimentierraum für neue Symbole, Rituale und Lebensformen entstehen. Wenn wir allerdings Geschichte und gegenwärtigen Standort der Kirchen betrachten, kommen uns viele Fragen. Gerade die Kirchen förderten die patriarchale Struktur der Gesellschaft enorm, boten die nötigen ideologischen Argumente, um Frauen von der öffentlichen Macht fernzuhalten, und verfolgten zyklische, frauennahe Rituale und Überlieferungen als heidnisches Gedankengut, indem sie es mit dem Scheiterhaufen ausrotteten. Einige Teile der Kirche haben diese Geschichte hinter sich gelassen und gehen bewusst neue Wege. Der grösste Teil der Kirchen aber tut sich noch immer äusserst schwer mit Frauen und Sexualität.

So lange wir uns jedoch in die Tradition des befreienden Handelns Jesu von Nazareth stellen, bleiben die Kirchen der konkrete Ort christlich orientierten Lebens. Als Teil dieser Kirchen fordern wir aber den Raum, der uns Frauen zusteht. Wir wollen unsern Glauben, unsere Symbole und unsere Rituale entwickeln, gemäss unserm zyklischen Leben. Wir wollen unserer Sehnsucht nach Ganzheit folgen, Altes neu entdecken und Neues, Ungekanntes entwerfen. Dabei orientieren wir uns an den befreienden Traditionen des Christentums, aber auch an den Erkenntnissen und am Wissen, das ausserhalb und unter der geordneten Oberfläche der christlichen Religion wuchs. Wir suchen und entfalten die Lebensmacht der Frauen, die über Jahrhunderte beschnitten und kanalisiert war. Wohin diese Entdeckungsreise führt, weiss niemand, und dieses Buch ist für uns ein kleiner Schritt auf diesem weiten Weg.

Noch glauben wir, dass wir diesen Weg im Rahmen unserer Kirchen gehen wollen. Wir sind bereit, unsere Symbole neu

zu bilden und in den Kirchen Lebensraum für uns und diese unsere Symbole einzufordern. Immer wieder bringen wir uns und unsere Bedürfnisse, unser Wissen, unsere Bilder und Geschichten ein. Denn wir bestehen darauf, dass Kirche auch uns gehört.
Zugleich haben viele Frauen die Lust verloren, ihre Kräfte zum Kampf gegen patriarchale Mauern in den Kirchen einzusetzen. Sie wollen Neues bauen, und bieten die Kirchen keinen Raum dazu, so lassen sich andere Wege und Orte finden. Frauen ziehen los und entdecken ihre Form des Glaubens. Dieser Prozess kann weder aufgehalten noch rückgängig gemacht werden. Die alten Bilder sind gestürmt, und ein Wirbelwind bunter Farben entsteht im ungedachten Neuen.

Lisianne Enderli
Pierre Stutz

Tastend unterwegs

Gottesbilder im Mutterunser – Vaterunser

116 Seiten, Lam. Broschur

ISBN 3-7252-0538-8

Aktuelle Glaubensfragen, die Menschen von heute unter den Nägeln brennen, eine Frau und ein Mann ringen um ein neues Gottesbild.

Christa Peikert-Flaspöhler

Heut singe ich ein anderes Lied

Frauen brechen ihr Schweigen

136 Seiten, Lam. Broschur
ISBN 3-7252-0560-4

Wütende, zärtliche und erotische Neudichtungen von biblischen Liedern und anderen Texten, die Frauen und Männer befreien und ermutigen, aus ihren Geschlechterrollen auszubrechen.

rex verlag luzern stuttgart